FINANZIELLER ÜBERFLUSS

10 biblische Prinzipien, die die unendliche
himmlische Versorgung freisetzen

JONATHAN SHUTTLESWORTH

Finanzieller Überfluss
10 biblische Prinzipien, die die unendliche himmlische Versorgung freisetzen
Von Jonathan D. Shuttlesworth

Urheberrecht © 2017 von Revival Today

Wenn nicht anders angegeben, sind alle Bibelzitate von der englischen *New Living Translation* der Bibel entnommen und in die deutsche Sprache übersetzt.

Veröffentlicht von Rise UP Publications

Rise UP Publications
644 Shrewsbury Commons Ave.
Suite 249
Shrewsbury, PA 17361
866-846-5123
Website: www.riseUPPublications.com

Taschenbuch ISBN: 978-1-64457-752-3
eBook ISBN: 978-1-64457-751-6

Gedruckt in den Vereinigten Staaten von Amerika. Alle Rechte nach internationalem Urheberrecht vorbehalten. Inhalt und/oder Umschlag dürfen ohne ausdrückliche schriftliche Genehmigung des Herausgebers weder ganz noch teilweise vervielfältigt werden.

Widmung

Ich widme dieses Buch meinem Herrn, Erretter und Meister, Jesus Christus. Vor fünfzehn Jahren, habe ich begonnen dir im Vollzeit-Dienst zu dienen und war seither niemals im Krankenhaus. Mir hat es nie an etwas gefehlt. Ob in der Luft, auf der Straße oder auf See, ich wurde immer beschützt. Du bist kein Lügner. Du bist ein Gott, der seinen Bund hält Jeder Segen, den ich habe, stammt von deinem Opfer. Ich danke dir für das unvergleichliche Privileg, dir zu dienen. Ich stehe in einer Schuld der Liebe, die ich niemals zurückzahlen kann.

Ebenfalls möchte ich meinen Eltern Tiff und Judy Shuttlesworth danken. Von welch unschätzbaren Wert ist es, Vater und Mutter zu haben, die Seelengewinner sind, die mich lehrten heilig zu leben und jede Meinung zu missachten, die dem Wort Gottes widerspricht. Ich liebe euch!

Inhalt

Einführung	7
Die Armutsmentalität zerbrechen	9
Materialismus zerbrechen	32
Beziehungen mit stagnierten Menschen beenden	42
Gottes Wort in deinen geistigen Menschen einbauen	51
Gottgefälligkeit	59
Geben	73
Göttliche Führung	97
Die Kraft der weisen Planung	109
Gott an seinen Bund erinnern	125
Fleiß	134
Über den Autor	145

Einführung

Ich schreibe dieses Buch an dich, an die Person, die dieses Buch gerade in den Händen hält. Ich glaube, dass Gott für dich eine große Rolle in dieser letzten weltweiten Erweckung vorgesehen hat.

Es ist schrecklich, wenn man seine Träume nicht verwirklicht sieht. Es ist herzzerreißend, wenn man eine von Gott gegebene Vision im Geiste hat, diese aber auf Grund von Mangel an Ressourcen nicht umsetzen kann. Wenn du jemals zuvor mit ähnlichen Gedanken zu kämpfen hattest, ist dieses Buch das Richtige für dich! Diese 10 Prinzipien aus dem Wort Gottes werden - insofern danach gehandelt wird - deinem Frust ein Ende setzen und dir die größte Freude bringen, die es gibt - die Erfüllung von Gottes Plan für dein Leben.

Dieses Buch ist wichtig. Das Buch der Sprüche lehrt uns, dass der Reiche über die Armen regiert. Die Nationen sind in Aufruhr, weil Gesetze von denjenigen geschrieben werden, die Sünde verherrlichen und die Stimme der Kirche zum Schweigen bringen wollen. Es ist nicht der Wille Gottes, dass böse Menschen über die Gerechten herrschen. Ich schreibe dies an dich in dem Glauben, dass du zu einer endzeitlichen Generation von Abrahams gehörst. Ein Christ, der sich nicht damit zufrieden gibt, dass sein Land zerstört wird. Ein Christ, der sich in der Kraft Gottes erheben und die Tore des Feindes einnehmen wird.

Es wäre nachlässig von mir nicht die Anerkennung denen, die mein Leben beeinflusst haben, auszusprechen. Ich stehe für immer in der Schuld von Bischof David Oyedepo und dem Einfluss, den seine Predigten auf mein Leben hatten. Jegliche Nachahmung seiner Formulierungen oder Gedanken ist unbeabsichtigt, jedoch unvermeidlich. Ich danke Ihnen für Ihren Dienst an unserer Generation und für die unermessliche Gnade Gottes auf Ihrem Leben.

Kapitel 1

Die Armutsmentalität zerbrechen

„Niemand kann zwei Herren dienen. Denn den einen wirst du hassen und den anderen lieben; du wirst dem einen ergeben sein und den anderen verachten. Du kannst nicht gleichzeitig Gott und dem Geld dienen. Deswegen sage ich euch, dass ihr euch keine Sorgen um den Alltag machen sollt - ob ihr genug zu essen oder trinken habt oder genug Kleidung zum tragen. Ist das Leben denn nicht mehr als Essen und dein Körper nicht mehr als Kleidung? Schaut die Vögel an. Sie pflanzen und ernten nicht und lagern auch nicht in Scheunen, denn euer himmlischer Vater ernährt sie. Und seid ihr für Ihn nicht viel wertvoller als diese? Können all eure Sorgen eurem Leben einen einzigen Moment hinzufügen? Und warum sollte man sich Sorgen um seine Kleidung machen? Schaut die Lilien auf dem Feld an und wie sie wachsen. Sie arbeiten nicht und stellen ihre Kleidung nicht her, und doch war Salomo in all seiner Herrlichkeit nicht so schön gekleidet wie sie. Und wenn Gott sich so wunderbar um die Wildblumen kümmert, die heute hier sind und morgen ins Feuer geworden werden, dann wird er sich sicherlich auch um euch kümmern. Warum habt ihr so wenig Glauben?"
Matthäus 6:24-30

Jesus nutzt diesen Abschnitt in Matthäus, um die Armutsmentalität in den Menschen zu zerbrechen. Er weist sie an, sich nicht darum zu sorgen, was sie essen oder anziehen werden. Als Christ sollte dein Leben nicht von diesen Sorgen eingenommen sein. Das ist es, worüber die Heiden denken und worauf sie sich konzentrieren. Du wirst Überfluss niemals mit einem Armutsdenken erreichen. Ich habe Bischof David Oyedepo einmal sagen hören: „Wenn es zu groß für deinen Mund ist, ist es auch zu groß für deine Hände." Das bedeutet, wenn du nicht Wohlstand sprichst, wirst du auch nie Wohlstand haben.

Viele Dienste, die sich schämen, öffentlich über Wohlstand zu predigen, werden dir privat sagen: „Ich glaube an Wohlstand, aber ich spreche einfach nicht von der Kanzel aus darüber." So haben sie niemals Anteil am Wohlstand. Denn solange du nicht in deinem Herzen daran glaubst, es mit deinem Verstand denkst und mit deinem Mund aussprichst, kannst du es nicht haben. Wenn du dich scheust darüber zu reden, wirst du es niemals haben. Wenn du zwar privat an Heilung glaubst, dich jedoch schämst es öffentlich zu verkündigen, wirst du genauso nie Heilung empfangen.

Die Bibel sagt, dass wahrer Glaube ein *sprechender Glaube* ist. In 2. Korinther 4:13 heißt es: **„Wir aber predigen weiter, weil wir denselben Glauben haben, den der Psalmist hatte als er sagte ‚Ich glaubte an Gott, also sprach ich.'"** Wenn nichts aus deinem Herzen fließt, das dich dazu veranlasst zu sprechen, dann wirst du es nie empfangen.

Bischof David Oyedepo erzählt die Geschichte einer Frau, die in seiner Kirche arbeitete, als diese noch sehr klein und er äußerst arm war. Er begann aufgrund der Offenbarung, die er durch Bücher von Kenneth und Gloria Copeland empfangen hatte, über Wohlstand zu predigen. Eines Tages kam diese Frau, die für ihn arbeitete, unter Tränen in sein Büro und sagte: „Bischof, die Dinge, die die Menschen über Sie in der Stadt sagen, kann ich nicht länger ertragen. Bitte hören Sie auf zu sagen, dass Sie sehr reich sein werden." Er antwortete: „Nein, ich sage nicht, dass ich reich sein werde. Ich sage, dass ich der Reichste der Reichen sein werde." In einem Drittweltland und arm, bekam er eine Offenbarung über Wohlstand, begann es auszusprechen und hat jetzt einen persönlichen Wert über 150

Millionen Dollar. Und das alles, während er skandalfrei blieb. Denke daran: Wenn es zu groß für deinen Mund ist, ist es zu groß für deine Hand. Du kannst alles geben und tun, was du willst, aber es ist nutzlos, wenn deine Worte ständig deine Taten zunichte machen.

Die Bibel sagt, **"Tod und Leben stehen in der Macht der Zunge: und wer sie liebt soll dessen Frucht essen"** (Sprüche 18:21 von dem englischen Bibeltext der KJV übersetzt). Wenn du Tod aussprichst, kannst du dein Geben eigentlich annullieren. Viele Menschen sprechen Wohlstand aus einer Seite ihres Mundes, während sie sich in einem Gottesdienst oder in einer Atmosphäre befinden, die die Salbung trägt. Auf der anderen Seite reden sie in ihrem Alltag davon, wie schwer es ist, wie hoch die Steuern sind, dass sich niemand so eine Wohnung leisten kann und so weiter. Ihr Armutsdenken ruiniert all ihre Taten, welche ansonsten zu Wohlstand führen würden.

Als Adalis und ich frisch verheiratet waren, predigte ich in einer Kirche, und der Pastor und seine Frau baten uns eines Nachmittags mit in ein Einkaufszentrum zu gehen. Während wir herumliefen, kamen wir an einem Geschäft vorbei, in dem ich noch nie zuvor gewesen bin und das außerordentlich teure Kleidung verkaufte. Die Frau des Pastors sagte: "Das ist ein sehr schönes Geschäft, aber wir können dort nicht einkaufen. Kein Christ kann dort einkaufen." Ich war sehr bestürzt, als sie das sagte. Ich war arm und hatte gerade einmal 200 Dollar zur Verfügung. Trotzdem ärgerte es mich, so etwas zu hören. In diesem Moment beschloss ich, etwas zu kaufen, selbst wenn es nur ein Kugelschreiber war. Also sagte ich: "Adalis, lass uns da rein gehen." Wir gingen hinein und ich sagte zu ihr: "Schau mal, ob es dort Schuhe gibt, die dir gefallen." Sie sah ein Paar Stiefel, das fast 1.200 Dollar kostete. Ich hatte bei weitem nicht genug Geld, um sie zu kaufen. Als wir uns die Stiefel anschauten, informierte uns die Verkäuferin, dass der Preis gesenkt wurde. Es stellte sich heraus, dass die Stiefel nur 210 Dollar kosteten. Ich bezahlte mit einer Kreditkarte und wir nahmen sie mit nach Hause. Adalis hat diese Stiefel nach all den Jahren immer noch. Als ich das Geschäft verließ, fiel der

Frau des Pastors die Kinnlade herunter. Sie sagte: „Oh, du hast etwas gekauft. Wie viel hat das gekostet?"

Du siehst, ich habe mich ebenfalls entschieden, dass ich nicht arm sein werde. Damals als ich arm war, beschloss ich, dass dies nur eine vorübergehende Situation sein würde. Ich deklarierte: „Ich komme aus dieser Situation heraus. Ich werde nicht arm sein." Ich weigerte mich so zu sprechen, wie andere arme Menschen sprechen.

„Wir können hier nicht essen."

„Wir können hier nicht einkaufen."

Es ist eine Notwendigkeit ein Bild im Geist davon zu haben, dass du ein Kind des allerhöchsten Gottes bist und, dass das Wort Gottes wahr ist. Wenn Gott dich gesegnet nennt, bist du gesegnet. Hör auf, gegen den Segen zu sprechen. Du kannst nicht sagen: „Ich werde das niemals haben. Ich weiß nicht, wie jemand sich so etwas leisten kann."

Vor nicht allzu langer Zeit war ich mit einigen Glaubens-Predigern aus der charismatischen Bewegung zum Essen verabredetet. Sie glauben an Wohlstand und haben Bücher von Kenneth Copeland. Dennoch redeten sie die ganze Zeit während dem Essen davon, dass sie nicht verstehen, wie jemand Geld für ein Flugticket der Business-Class ausgeben könnte. Sie diskutierten untereinander, dass dieses Geld für einen besseren Zweck verwendet werden könnte.

Ein wichtiger Schlüsselfaktor ist es zu verstehen, dass Gott es nicht nötig hat, dass du an einer Sache sparst, damit du es für etwas anderes ausgeben kannst. Es ist genug Geld für dich da, um ein Business-Class Ticket für einen Flug nach Übersee zu kaufen, in einem schönen Hotel zu übernachten, gutes Essen zu essen, die Armen zu speisen und die Nackten zu bekleiden. Du musst nicht von einer Sache Geld abziehen, um es für eine andere Sache zu haben. Gott ist El Shaddai, der Gott von mehr als genug. Er hat genug für *all* diese Dinge.

Zerbreche die Mentalität von „Wie kann man Geld für dieses ausgeben, wenn man stattdessen Geld für jenes ausgeben könnte?" Es ist genug Geld für beides da. Es ist nicht so, als hätte Gott nur genug, um entweder ein Business-Class Ticket oder eine Hypothek für diesen Monat zu bezahlen. So ist Gott nicht - Er hat genug für alles. Das Problem ist nicht, das Geld zu bekommen. Das Problem liegt in der Denkweise der Menschen. Manche Menschen wurden zum Beispiel seit Generationen von ihren Eltern und Großeltern geprägt zu glauben, dass Autos und Versicherungen zu teuer sind. Stattdessen nehmen sie den Bus. Dies wird zu einem Familienkreislauf. Um diesen Kreislauf zu durchbrechen, muss jemand der Erste sein, der begreift, dass man mit dem gleichen Glauben, den man für das Busgeld verwendet, auch ein Auto kaufen kann.

Es ist dein Verstand, der klein denkt. Und das wird er auch weiterhin tun, bis du zulässt, dass das Wort Gottes dein Denken verändert. Paulus ermahnte: Lasst euren Verstand erneuert werden durch die Waschung mit dem Wasser des Wort Gottes (Epheser 5:26). Richte deinen Verstand auf das Wort Gottes.

Wie zerbrichst du eine Armutsmentalität?

Um eine Armutsmentalität zu durchbrechen, musst du über Geld so denken, wie Gott über Geld denkt. Du kannst nicht wie Bernie Sanders über Geld denken. Du kannst nicht wie die Amerikaner über Geld denken. Du kannst nicht wie traditionelle Kirchen über Geld denken. Richte deinen Verstand auf die Denkweise Gottes aus.

Gott verteilt nicht den Reichtum von denen, welche viel haben, auf die um, die am wenigsten haben. In der gesamten Bibel wirst du sehen, dass Gott Arbeit belohnt und Faulheit und Unfruchtbarkeit bestraft. Johannes 15:2 sagt: **„Er schneidet jeden Zweig von mir ab, welcher keine Frucht produziert und er stutzt die Zweige, welche Frucht tragen, sodass sie noch mehr produzieren."**

Wenn deine Einstellung in Bezug auf Geld durch die Schule, auf die du gegangen bist, geformt wurde, wirst du niemals zu Wohlstand kommen. Die Menschen, beispielsweise in Amerika, wurden darauf trainiert, reiche Menschen zu verachten. Lies dazu den Abschnitt in Lukas 19:12-26. Jesus nahm von dem Mann, der nur ein Talent hatte und gab es dem, der zehn hatte. Er nahm von dem, der am wenigsten hatte und gab es dem, der am meisten hatte. Die Jünger haben Jesus' Schlussfolgerung widersprochen. Was erwarteten sie, was Jesus sagen würde? „Oh, tut mir leid, ich habe nicht nachgedacht. Ich wollte fünf von dem nehmen, der zehn hatte und sie dem geben, der schlechte Arbeit geleistet hat." Nein! Jesus sagte:

„…denen, die das, was ihnen gegeben wird, gut verwalten, wird noch mehr gegeben werden. Denen aber, die nichts tun, wird auch das Wenige, das sie haben, weggenommen werden" (Lukas 19:26).

Stell dir vor, du nimmst jetzt von Jedem das Geld, legst es in einen großen Topf und verteilst es dann gleichmäßig. Jeder bekommt einen Scheck über den gleichen Betrag. Nehmen wir an, jeder bekommt 400.000 Dollar. Ist dir bewusst, dass es Leute gibt, die die gesamten 400.000 Dollar innerhalb von 24 Stunden wieder verlieren würden? Sie würden in ein Kasino gehen und ihr gesamtes Geld innerhalb von 24 Stunden verlieren und wären am Ende genauso pleite wie zuvor. Auf der anderen Seite gäbe es Leute, die innerhalb von 30 Tagen Millionen von Dollar hätten. Innerhalb von weiteren 90 Tagen wären sie im Milliardenbereich. Einfach dadurch, dass sie das Gleiche tun, was sie mit den anfänglichen 400.000 Dollar getan haben. Du kannst niemals alles gleichmäßig verteilen! Das ist nicht die Art, wie die Dinge funktionieren.

Man kann vorübergehend arm sein, weil etwas passiert ist. Man verliert beispielsweise alles bei einem Brand oder man wird entlassen. Wenn man jedoch über einen längeren Zeitraum arm ist, liegt es daran, dass man nicht richtig mit dem Geld umgeht. Die meisten von uns, die in einem Elternhaus aufgewachsen sind, in dem die Eltern verschuldet waren und sich abmühten, haben die folgende Mentalität vermittelt bekommen:

„Das Leben ist hart."
„Es gibt nicht genug Geld, um etwas zu tun."
„Ich weiß nicht, woher reiche Leute ihr Geld haben."

„So viel Geld werde ich nie haben."

Sie fangen an, solche Dinge zu sagen und ihre Gedanken sind nicht im Einklang mit dem Wort Gottes. Wir alle lieben unsere Eltern, aber wenn diejenigen unter euch, die arme Eltern hatten, ehrlich sind, würden viele sagen, dass ihre Eltern nicht den Zehnten gegeben haben. Viele von ihnen waren damit zufrieden, denselben Job zu haben. Sie haben nicht nebenbei fleißig eine Firma gegründet. Es ist nicht so, als wäre das Leben zu hart. Jeder, besonders in Amerika, hat die Möglichkeit, das zu schaffen, vor Allem ein Christ. Gott hat versprochen, all die Arbeit, die du verrichtest, zu segnen. Lass alle Ausreden fallen, dass das Leben zu schwer sei und es nie für deine Familie funktioniert hätte. Entscheide dich, so über Geld zu denken, wie Gott über Geld denkt. Anstatt jemanden mit Geld zu sehen und automatisch die Nase zu rümpfen, solltest du dir Notizen darüber machen, was er andes macht. Dies könnte deine Eintrittskarte zu einem Zustand des Überflusses sein.

Manche Leute fragen sich vielleicht, wozu man so viel Geld braucht. Als jemand, der letztes Jahr nahezu 1 Millionen Dollar weggegeben hat, kann ich sagen, dass es sehr schön ist, eine Kirche in Indien anzurufen und zu fragen, wie viel Geld sie für den Bau ihrer Kirche brauchen und den Betrag einfach auf ihr Bankkonto zu überweisen. Es ist so großartig, dazu in der Lage zu sein, eine Gemeinde im Kongo anzurufen und ihnen Geld schicken, damit sie ihr Dach fertigstellen können. Der Überfluss, den Gott dir anvertraut, ermöglicht es dir die Antwort auf die Gebete anderer Menschen zu sein. Gott möchte, dass du eine finanzielle Lösung für die Probleme in dieser Welt bist.

Um dort anzugelangen, musst du die Armutsmentalität zerbrechen.

Siehe Gott als deine einzige finanzielle Quelle

In 1. Mose 17 erschien Gott Abraham und sagte: „Ich bin El Shaddai - Der Gott von mehr als genug" In diesem Abschnitt offenbarte sich Gott Abraham als der allgenügender Versorger. Er sagte Abraham, dass selbst wenn er in einem fremden Land bei den Philistern leben würde, er niemals ihre Hilfe für irgendetwas brauchen würde. Im Grunde sagte er zu Abraham: „Schau nur zu mir und ich werde mich um alles kümmern." Wenn du Gott als deinen einzigen finanziellen Versorger siehst, wirst du es niemals bei Menschen suchen. Du suchst alles bei Gott. Du hast zwei Augen in deinem Kopf: Kannst du mit einem Auge in den Himmel schauen, während das andere gleichzeitig auf den Boden schaut? Versuche es und du wirst feststellen, dass es unmöglich ist. Du kannst entweder nach oben oder nach unten schauen. Genauso kannst du nicht gleichzeitig zu Gott und zu Menschen schauen, um deine finanziellen Probleme zu lösen.

Seit Gott unseren Dienst gesegnet hat, bitten uns Leute beständig nach Geld, um ihre Rechnungen begleichen zu können. Sie wollen lieber, dass ich ihnen das Geld gebe, anstatt die Prinzipien von Gottes Wort zu entdecken, welche ich gelernt habe und mich in die Lage versetzten, Geld geben zu können. Die meisten Menschen würden lieber Leute mit Geld kennen, als zu wissen, was Gottes Wort sagt, dies dann in ihren Herzen verankern und letztlich selbst Geld hervorzubringen.

Bischof David Oyedepo erzählt die Geschichte aus einer Zeit, als er noch arm im Dienst war. Der Mann, unter dem er arbeitete, hatte einen weltweiten Dienst und kam gerade vom Predigen aus Amerika zurück. Er hatte einen ganzen Sack voller Bargeld von all den Opfergaben, die er erhalten hatte. Er liebte Bischof Oyedepo und sagte ihm, er könne so viel Geld aus der Tasche nehmen, wie er wollte. Bischof Oyedepo sagte: „Sir, Ich will nicht das Geld, dass in der Tasche ist. Ich will das Wissen von Ihnen haben, was dazu geführt hat, dass das Geld überhaupt in diesem Sack ist."

Die Mehrheit der Menschen sind nicht daran interessiert, die Dinge auf diese Weise zu tun. Wenn du gesegnet werden willst, soll heute der letze Tag für dich sein, an dem du jemanden um etwas bittest. Frage niemanden um eine Mitfahrgelegenheit. Frage niemanden nach Essen. Wenn du die Person sein willst, die verleiht und nicht die, die ausleiht, dann höre auf auszuleihen. Sei du die Person, die andere versorgt und den Armen etwas gibt. Mit einer Mentalität der Bedürftigkeit wirst du nie zu einem Zustand von Überfluss gelangen.

Manche Menschen bitten ständig um irgendetwas: „Ich habe kein Geld, um essen zu gehen. Kannst du dieses mal für mich bezahlen? Kannst du mich in die Kirche mitnehmen? Ich habe kein Auto." Lerne Gottes Kraft zu nutzen, um für deine Bedürfnisse zu sorgen, sonst wirst du nie in einen Zustand von Überfluss gelangen. Ich werde mich nie sorgen müssen, dass ich nichts habe, denn ich weiß, dass Gott sein Versprechen hält. Gott hält seinen Bund. Aber nur allein um diesem Punkt klarzustellen: Ich würde lieber mit Würde auf einer Bank an einer Bushaltestelle sterben, als andere um Hilfe für meine Rechnungen zu bitten. Wenn du Schulden hast oder am Ende des Monats ständig knapp bei Kasse bist, brauchst du keine Leute, die dir Geld geben, damit du deine Rechnungen bezahlen kannst. Du musst herausfinden, was du falsch machst, wenn du jeden Monat mehr Geld ausgibst als einnimmst. Bringe die Dinge in Ordnung und lerne, bei Gott nach finanzieller Hilfe zu suchen.

Unser Dienst ist nicht dorthin gekommen wo er jetzt ist, indem wir Leute um Geld gebeten haben. Es gibt einen Mann in dem Rat unseres Dienstes, der Präsident einer Bank ist. Er hat ein Multimillionen-Dollar-Gehalt. Ich habe ihn nie angerufen und gesagt: „Wir haben demnächst große Evangelisationen. Diese werden jeweils ungefähr 100.000 Dollar kosten. Ich wollte Sie einfach nur bitten, darüber zu beten, was Sie geben würden." Ich handle so nicht. Ich habe mich nie privat an jemanden gewandt, um nach finanzieller Hilfe zu bitten. Früher, wenn ich mich in einer Notlage befand, haben meine Frau und ich gebetet. Wir baten den Herrn: „Vater, zeige uns, was wir falsch machen. Hilf uns aus der Klemme. Wir wissen, dass das unser Fehler ist. Aber wir vertrauen auf deine Gnade, dass du uns aus der Patsche hilfst." Und Gott hat uns geholfen. Das ist der Ursprung der Wunder! Diese kommen nicht dadurch, dass man sich an andere wendet, wie zum Beispiel einem reichen Onkel oder Vater.

Menschen wollen immer eine Gegenleistung. Ich habe gelernt, dass Menschen nie einfach etwas geben, ohne eine Gegenleistung zu verlangen. Wenn ich gebe, behalte ich nicht im Auge, was ich gebe. Ich kenne jemanden, der immer darüber redet, dass er einmal 1.000 Dollar an einen Dienst gegeben und nie ein Dankschreiben erhalten hat. Wen interessiert das? Wäre er etwa nach all den Jahren zufriedener, wenn er eine Dankeskarte in den Händen halten würde? Warum gibst du? Du solltest an den Herrn geben, unabhängig davon, was die Person oder der Dienst darüber denkt. Man gibt, geleitet vom Heiligen Geist, wie für den Herrn. Das kleine billige Schmuckstück von dem Dienst oder der Dankesbrief sollten nicht die Motivion für dein Geben sein.

Ich werde mich für meine Versorgung nur auf Gott verlassen. Wenn du es dir nicht leisten kannst essen zu gehen, dann gehe nicht essen. Wenn du dir Dinge nicht leisten kannst, die du zum Teil deiner monatlichen Fixkosten gemacht hast, dann streiche sie. Du kannst ohne Kabelfernsehen leben. Du kannst auch ohne Internet leben. Solange du nicht deine Finanzen in den Griff bekommen hast, solltest du aufhören, deinen Finanzplan so zu gestalten, dass du ein Defizit hast und andere um Hilfe bitten musst. Du wirst nie weiterkommen. So gehen arme Menschen vor. Du kannst dich nicht wie ein Bettler verhalten, wenn du zum Überfluss kommen willst.

Gott hat dir die Fähigkeit zur Verfügung gestellt, an die Spitze zu kommen

Der Weg, auf den Gott dich bringt, muss nicht zwangsläufig mit Schulden verbunden sein. Unser Dienst hatte nie Schulden, von denen er frei sein müsste. Wir bezahlen alles im vollen Betrag. Ich hatte nie einen Kredit, was einer der Gründe ist, warum ich gelernt habe, so zu handeln. Ich hatte sogar eine zu schlechte Bonität, um mich zu verschulden.

Unser Dienst „legt nicht im Glauben los" und glaubt dann, dass das Geld kommt. Ich habe ein Budget. Ich weiß, wie hoch die monatlichen Einnahmen sein werden und wir zahlen weit weniger als diesen Betrag an Rechnungen und Ausgaben. Ich kaufe auch kein Haus „im Glauben". Ich kaufe kein Auto „im Glauben". Ich habe ein bestimmtes Budget, für das ich nicht beten und nicht glauben muss. Es ist geplant. Verwende Glaube nicht für Einkäufe, mache stattdessen einen Plan.

Erstelle einen Plan

Gott möchte Planung. In weiser Planung liegt Kraft. Die Bibel spricht in dem Buch Sprüche mehrfach davon. Die Leute werden sagen: „Du gehst aufs College, du brauchst einen Studienkredit. Du gründest ein Unternehmen, du brauchst einen Geschäftskredit, um deine Immobilie zu kaufen". In 5. Mose 15:6 heißt es: **„Denn der Herr, dein Gott, wird dich segnen, so wie er es dir versprochen hat, du wirst vielen Völkern Geld leihen, aber du wirst nie ausleihen müssen…"**

Alles, was unserem Dienst gehört, wurde vollständig bezahlt. Als wir den Geländewagen für unseren Dienst gekauft haben, habe ich beim Händler einen Scheck dafür ausgestellt. Du musst nicht in Schulden leben. Verschuldet zu sein ist keine Sünde, jedoch ist es eine Last. Am Ende zahlt man 30-70% mehr als das, was etwas wert ist, weil man entweder im Vorfeld keinen Glauben für das Geld hatte oder etwas gekauft hat, das nicht in der eigenen Preisklasse liegt. Kaufe, was du dir leisten kannst. Fahre lieber stolz ein 12-Gänge-Fahrrand, das du mit Bargeld gekauft hast, anstatt dich zu verschulden. Es ist wirklich lustig, wie der Besitzer eines zweitürigen Chevrolet jemanden, der einen BMW fährt, anschaut und schimpft: „Wie können die nur so viel Geld für dieses Auto ausgeben?" Doch in Wirklichkeit kostet der Chevy mehr als der BMW, wenn er 6 Jahre lang finanziert wird, während der BMW mit Bargeld gekauft wurde. Schulden versklaven dich.

Wenn du Schulden machst, sagst du im Prinzip zu Gott: „Ich bin viel größer als du denkst. Lass es mich dir beweisen." Das Geld, das du jetzt hast, ist ein Indikator dafür, wie fruchtbar du bist. Kaufe keine Dinge, die für jemanden bestimmt sind, der 10x mehr fruchtbarer ist. Bis du diese Stufe der Fruchtbarkeit erreicht hast, wirst du dich bei dem Versuch, diese Dinge zu besitzen, umbringen.

Als ich 19 Jahre alt war, beobachtete ich die Leute in der Kirche, die ein Luxusauto und ein großes Haus hatten und dachte mir: „Mann, die sind so reich!" Dann verbringt man Zeit mit ihnen und stellt fest, dass sie in Wahrheit gar nicht so reich sind. Sie sind über beide Ohren verschuldet und können nachts nicht schlafen, weil sie versuchen, den Anschein zu erwecken, sie seien sehr wohlhabend. Gott hat seinen Bund in der Bibel nicht geschlossen, damit man den Anschein von Reichtum erwecken kann. Der Segen Gottes macht tatsächlich reich. Hör damit auf, dich als etwas auszugeben, was du nicht bist. Sei damit zufrieden wo du bist und glaube gleichzeitig daran voranzukommen.

Sei kein Dummkopf, der eine 2.500-Dollar-Uhr und ein Outfit trägt, welches zehn mal mehr kostet, als du eigentlich auf deinem Bankkonto hast. Du siehst zwar reich aus, bist aber pleite. Du bist nur ein armer Mensch, der teure Kleidung trägt. *Sei* wohlhabend, *sehe* nicht nur so aus. Gott hat dir die Fähigkeit gegeben, wohlhabend zu sein und du brauchst keine Schulden, um dies zu erreichen. Erlaube es diesen Worten, dich aus der Verstrickung der Schulden zu befreien: *Wenn Gott mich nicht dort hin bringen kann, möge ich niemals gehen. Wenn Gott es mir nicht geben kann, möge ich es niemals haben. Wenn Gott es nicht tun kann, soll es ungeschehen bleiben.*

Hör auf, dich über das hinaus abzumühen, wo Gott dich hinführt. Gott wird dir einen Isaak versprechen, wie er es für Abraham tat, aber auf dem Weg dort hin wirst du die Gelegenheit haben, einen Ismael zu gebären. Wenn man die Verheißung nicht erfüllt sieht, kann man einen Plan im Fleisch schmieden, um das zu bekommen, was Gott versprochen hat, allerdings wird das immer mit Problemen enden. Sei geduldig im Glauben; im Wissen, dass deine Anfänge - so klein sie auch sein mögen - später für sich sprechen werden. Die Bibel sagt: Wartet auf die Vision, auch wenn sie sich verzögert, denn sie wird am Ende sprechen (Habakuk 2:3). Verachte nicht den Tag der kleinen Anfänge, denn dein letztes Ende wird größer sein als das erste (Hiob 8:7). Überstürze nichts.

Ich würde gerne fünf mal pro Woche zur Hauptsendezeit im Amerikanischen Fernsehkanal ABC zu sehen sein, aber soweit bin ich noch nicht. Ich werde dieses Ziel erreichen, aber ich werde mich nicht verschulden, um es in Bewegung zu setzen. Es wird ein Tag kommen, an dem es mir leicht fallen wird, diese Sendezeit zu besetzen und dann werde ich es auch tun. Gott hat dir die Fähigkeit gegeben, ohne Schulden an die Spitze zu kommen. Komm heraus aus dem verschuldeten Lebensstil. Lebe im Rahmen deiner finanziellen Verhältnissen oder besser noch, lebe darunter. So wirst du dem Druck entkommen.

Darüber hinaus wirst du sogar andere Menschen bereichern, wenn du dich verschuldest. Ist dir bewusst, weshalb Banken so schöne Wolkenkratzer in den Innenstädten haben? Sie verleiten potenzielle Hausbesitzer dazu, sich ein Haus für 280.000 Dollar mit einer 30-jährigen Laufzeit zu kaufen. Wenn sie den Kredit dann abbezahlt haben, haben sie in Wirklichkeit 700.000 Dollar bezahlt. Du musst diesen Kreislauf durchbrechen und Gott erlauben, dir einen Weg zu zeigen, wie du ohne Schulden an die Spitze kommst.

Erwarte die Erfüllung deiner Herzenswünsche

„Habt Freude am Herrn und er wird euch
geben, was euer Herz begehrt"

Psalm 37:4

Gott wird dir die Wünsche deines Herzens erfüllen. Eine Armutsmentalität glaubt, dass deine Nöte befriedigt werden. Du solltest Glauben dafür haben, dass Gott dein Haupt mit Öl salben und deinen Becher mit Segen zum Überlaufen bringen wird. Er wird nicht nur deine Nöte decken, sondern auch deine Vorratskammern mit Getreide füllen.

Eine Armutsmentalität führt dazu, dass man tagsüber um Essen und Kleidung und für die Nacht um Pyjamas betet. Fange an Gott dafür zu danken, dass er nicht nur deinen Nöten begegnet, sondern dir solch einen Überfluss geben wird, dass du dieser verletzen Welt in ihrer Not helfen kannst. Indem du sein Reich an die erste Stelle setzt, wird er dir deine Herzenswünsche erfüllen. Er sagte nicht: „Trachtet zuerst nach dem Reich Gottes und seiner Gerechtigkeit und er wird eure Nöte decken." Er sagte: „Trachtet zuerst nach dem Reich Gottes und seiner Gerechtigkeit und all die anderen Dinge, für die ihr euch da draußen den Hintern aufreißen könntet, um sie zu bekommen, werde ich euch hinzufügen" (meine eigene Interpretation von Matthäus 6:33).

Lass mich dir eine Geschichte erzählen. Mein Vater liebt es zu jagen. Er ist nicht der Typ, der Geld für einen teuren Jagdausflug ausgeben würde. Es gab mal einen Mann, der auf einer seinen Evangelisationen errettet wurde und später auf eine 30.000 Dollar teure Jagd-Expedition zu den Hebriden-Inseln in Schottland ging. Die Reise war nicht erstattungsfähig. Einer der anderen Männer, der sich ebenso für die Reise angemeldet hatte, erlebte einen unerwarteten Todesfall in seiner Familie und konnte nun nicht mehr teilnehmen. Der Mann, der auf der Evangelisation errettet wurde, rief meinen Vater an und sagte: „Wenn du einen Flug nach Schottland bekommst, kannst du diese 30.000-Dollar-Jagd für den Preis eines Flugtickets haben." Mein Vater reiste also nach Schottland und übernachtete in einer Fünf-Sterne-Lodge, jagte auf den Hebriden-Inseln einen Blackface-Widder und erzielte auf dieser Jagd einen Weltrekord. Dies kann nur dem Herrn zugeschrieben werden.

Gott hat dies nicht für mich getan, ich mag die freie Natur nicht. Gott hat das für meinen Vater getan. Er weiß, dass mein Vater gerne auf die Jagd geht, also hat er ihm eine Weltklasse-Jagdreise für einen kleinen Prozentsatz des eigentlichen Preises geschenkt. Gott weiß, was du magst! Er wird nicht nur deine

Nöte decken; Er wird dich segnen, wenn du sein Reich an die erste Stelle setzt. Glaube auf diese Weise! Schaue nicht auf die Nöte deines Alltag, sondern fange an Gott zu danken, dass er deine Herzenswünsche erfüllen wird.

Heute ist der letzte Tag, an dem du sagst: „Das ist teuer." So reden arme Leute. Du wirst Bill Gates nicht sagen hören, dass etwas teuer ist. „Teuer" ist ein Wort, welches arme Leute in ihrem Wortschatz verwenden. Wo steht das in der Bibel? In Johannes 6 wird die Speisung der Fünftausend beschrieben, welche das Armutsdenken der Menschen mit Gottes Überfluss-Mentalität gegenüberstellt. Die Jünger sagten zu Jesus: „Hör zu, diese Leute sind uns drei Tage gefolgt und haben nichts gegessen. Wenn wir sie nicht wegschicken, werden sie etwas zu essen wollen und wir werden dann dafür aufkommen müssen." Jesus sagte: „Ihr gebt ihnen zu essen." Die Jünger versuchten die Verantwortung von sich abzuschieben. Jesus sagte: „Wir kümmern uns um die Rechnung."

Die Jünger erwiderten: „Meister, das wird ein kleines Vermögen kosten. Das ist teuer." Jesus antwortete: „Sag ihnen, sie sollen sich in Gruppen von 50 oder 100 Personen zusammensetzen und dass ich in Kürze bei ihnen sein werde." Dann hat sich Jesus um das Problem gekümmert. Die Jünger dachten nur daran, wie teuer es ist, aber Jesus' Denkweise war nicht die gleiche. Sein Verstand machte einen Plan, die übernatürliche Kraft des Heiligen Geistes zu nutzen, um 5.000 Menschen zu speisen.

Beachte, dass Jesus nicht sagte: „Ich weiß nicht, wie wir das machen sollen, das ist so teuer." Jesus fokussierte sich auf den Reichtum Gottes und erstellte einen Plan, die 5.000 zu speisen. Wenn du den Jesus-artigen Überfluss haben möchtest, brauchst du den Sinn Christi. Der Verstand Christi dachte nicht: „Es wird uns ein kleines Vermögen kosten, so viele Menschen zu speisen." Jesus ließ solche Worte niemals aus seinem Mund kommen. Wenn Jesus sich weigerte zu sagen, dass die Speisung der 5000 Männer (plus den Frauen und Kindern) teuer ist, dann hast du kein Recht zu sagen, dass ein T-shirt teuer ist, ein Auto teuer ist oder ein Flug in der ersten Klasse teuer ist.

Es ist nicht teuer. Du denkst zu klein - das ist das eigentliche Problem. Nichts ist teuer. Deinem Vater gehört all das Silber und Gold (Haggai 2:8).

Sag niemals „Das kann ich mir nicht leisten"

Sage stattdessen „Ich komme später noch mal auf dich zurück". Höre auf „Ich kann nicht in der ersten Klasse sitzen; ich kann nicht in diesem Restaurant essen; ich kann diese Art von Kleidung nicht tragen" zu sagen. Denn so wirst du es ganz sicher nicht. Ich plädiere nicht dafür, eine Mentalität zu entwickeln, in der man nach Kleidung und Erste-Klasse Flügen strebt. Sei einfach offen für die Segnungen Gottes, sodass er dir die Möglichkeit verschafft diese Dinge so einfach zu erwerben wie ein 3-Pack-T-shirt zu kaufen. Es wird ein Tag kommen, an dem du in jedem beliebigen Geschäft einkaufen wirst, ohne auf die Preisschilder schauen zu müssen. Es wird so ein kleiner Prozentsatz deines eigentlichen Einkommens sein, wenn du diese Prinzipien anwendest. Die Bibel sagt, dass es dem, der den Armen gibt, niemals an etwas fehlen wird. Gott hat versprochen, dass du dir keine Sorgen um die Spritpreise machen musst, wenn du dich auf seinen Bund verlässt. Jesus sagte: „Warum macht ihr euch über diese Dinge Gedanken?" Wie wir vorher bereits gelesen haben, denken so die Ungläubigen. Euer Vater wird sich gut um euch kümmern (Matthäus 6:32).

Wo auch immer du gerade bist, ich möchte, dass du das laut aussprichst: *Mein Vater wird sich gut um mich kümmern. Er weiß, was ich gerne anziehe. Er weiß, was ich gerne esse. Er wird nicht zulassen, dass ich mich mit Mühe und Not durchschlagen muss. Er wird sich gut um mich kümmern.*

Wenn du deinen Verstand und deine Worte so trainierst, solltest du dich nicht mehr auf bestimmte Gespräche einlassen. Dort wo Leute herumsitzen und sagen: „Es ist teuer, an so einem Ort zu wohnen. Ich weiß nicht, wie die anderen dort 10 Tage Urlaub machen können. Das ist furchtbar teuer." Schließe dich nicht an und sprich nicht: „Ja, ich weiß auch nicht wie."

Bleibe zumindest still und neutral. Besser wäre es jedoch, in das andere Extrem zu gehen und zu sagen: „Ich werde 14 Tage Urlaub machen!"

Lass Menschen, welche pleite sind, „pleite" denken und „pleite" Dinge sagen. Schließ dich ihnen nicht an. Denke „Überfluss" und sprich „Überfluss". Es wird auch deinen Ehepartner glücklich machen. Selbst wenn du es dir heute nicht leisten kannst in einem bestimmten Restaurant essen zu gehen, dann fahre daran vorbei und sage: „Eines Tages werden wir beide dort essen."

Ich hörte Pastor Enoch Adeboye eine ähnliche Geschichte erzählen, die mich fast zu Tränen rührte. Als er und seine Frau noch jung waren, waren sie so arm, dass sie eine Nuss zum Abendessen teilten. Sie nahmen eine Nuss von einem Baum, kochten sie, haben sie in zwei Hälften geschnitten und aßen gemeinsam. Während sie gegessen haben, kam etwas in seinem Geist auf. Er schaute seine Frau am anderen Tischende an und sagte: „Weißt du, wir werden nicht immer so essen." Dann begann er zu beschreiben, was sie als ersten Gang, als zweiten Gang und so weiter auf den Tisch bringen würden. Die Bibel sagt: **„Der Bauch eines Mannes wird satt von der Frucht seines Mundes und von der Ernte seiner Lippen wird er satt"** (Sprüche 18:20). Gott hört was du sagst. Wenn du anfängst, so zu sprechen, wird Gott diese Worte in deinem Leben wahr werden lassen.

Sag niemals „Das kann ich nicht anziehen"

> „Böse Menschen mögen Berge von Geld haben
> und Unmengen von Kleidern aufbewahren. Aber
> die Gerechten werden diese Kleidung tragen und
> die Unschuldigen werden das Geld teilen"
>
> Hiob 27:16-17

In über 18 Jahren Dienst in der Sonntagsschule und Jugendgruppe kann ich mich nicht erinnern, dass ich jemals Hiob 27:16-17 als Lernvers hatte. Die Bibel sagt, dass du das tragen und ausgeben wirst, was die Bösen zur Schau stellen. Sag nicht, dass du diese Art von Kleidung nicht tragen kannst. Das ist nicht etwas, wonach du streben solltest. Das Reich Gottes zu bauen sollte das sein, wonach du strebst und Gott wird dir all diese Dinge hinzufügen. Einmal sprach der Herr zu mir darüber, dass ich aufhören soll Geld für Kleidung auszugeben und stattdessen das Geld einer bestimmten Frau, die ich kannte, geben soll. Diese Frau wollte ein Restaurant eröffnen und Obdachlose umsonst mit Essen versorgen. Eineinhalb Jahre lang kaufte ich keine Kleidung mehr. Jedes Mal, wenn ich Lust hatte Kleidung zu kaufen, gab ich diesen Betrag an die Missionsarbeit.

Einige Zeit später, waren meine Frau und ich in den Outlets einkaufen. Während Adalis einkaufen war, saß ich im Auto und hörte dem Sportradio zu. Ich spürte, wie der Herr zu mir sprach, in das Burberry Geschäft zu gehen. Also ging ich hinein und es gab nur einen Anzug in meiner Größe. Er war mit einem Preisschild von 1.400 Dollar versehen. Ich hatte nicht annähernd genug Geld, aber ich spürte, dass der Herr mir sagte, ich solle ihn kaufen. Ich brachte ihn zur Kasse und dachte, dass ich zumindest so aussehe, als würde ich Gott gehorsam sein. Als der Anzug abgerechnet wurde, zeigte die Kasse 112 Dollar an. Die Kassiererin konnte es nicht glauben und scannte das Preisschild erneut. Sie scannte es immer wieder neu und wurde jedes Mal frustrierter. Schließlich rief sie den Manager an, welcher sagte: „Wenn die Kasse es so auffasst, dann müssen Sie ihn auch für diesen Preis verkaufen." Der Anzug hat in der Produktion mehr gekostet, als ich letztendlich bezahlt habe. Ich habe meinen ersten Designer-Anzug für 112 Dollar gekauft. Danach hörte der Segen nicht auf.

Als ich Gott gehorsam war und beständig das, was ich für Kleidung ausgegeben hätte, gesät habe, kam der Segen weiterhin. Ein Pastor, für den ich in Virginia gepredigt hatte, lud mich in Washington D.C. zum Essen ein. Als ich ihn im

Restaurant getroffen habe, forderte er mich auf, ihm zu folgen, während er zu einem Anzugsgeschäft die Straße hinunter ging. Er fragte: „Gefällt dir einer dieser Anzüge?" Ich antwortete: „Ja." Daraufhin fragte er: „Gefallen dir alle?" Ich antwortete: „Ja." Also nahm er drei Anzüge von der Stange, zückte seine Kreditkarte und kaufte mir drei Anzüge, die jeweils 1.200 Dollar gekostet haben. Das sind Anzüge im Wert von 3.600 Dollar. Er gab sie mir und sagte: „Du wirst diese Anzüge tragen und das Evangelium in der ganzen Welt predigen." Und genau das habe ich getan.

Es gibt einen Mann, der in einem ELIE TAHARI Warenhaus arbeitet und mir jedes Mal zwei oder drei Anzüge schenkt, wenn ich nach Montreal in Kanada fahre. Ich kaufe nur Kleidung, wenn ich nicht genug eingepackt habe oder eine Veranstaltung verlängert wird. Die Leute schenken mir unglaublich gute Kleidung, von links und rechts. Selbst als ich kein Geld hatte, habe ich nicht folgendes gesagt: „Ich weiß nicht wie irgendein Prediger einen Anzug wie diesen tragen kann. Ich könnte niemals so viel Geld für einen Anzug ausgeben." Nein - ich war offen dafür. „Herr, wenn du mich segnen möchtest, dann bin ich hier, um gesegnet zu werden." Ich glaube nicht, dass ein ehebrecherischer Geschäftsmann, der Zigaretten raucht, einen Versace Anzug tragen darf und ich nicht.

Man schaut nicht arm aus, weil man billige Kleidung trägt. Man sieht arm aus, wenn man keinen Wert auf seine Kleidung legt. Ich bin auf einen Artikel in einer Zeitschrift gestoßen, der zwei Männer in Anzügen zeigte. Einer trug einen 5.000 Dollar teuren Anzug und der andere einen 300 Dollar teuren. Der, der den teureren Anzug trug, hatte ihn weder maßschneidern noch bügeln lassen. Der Mann in dem 300-Dollar-Anzug, welcher maßgeschneidert und gebügelt war, sah besser aus. Der Artikel beschrieb, dass man in einem billigeren Anzug, der gut gepflegt ist, immer besser aussieht. Lass es mich noch einmal betonen, dass man nicht arm aussieht, wenn man Kleidung mit einem niedrigen Wert trägt. Stattdessen sieht man arm aus, wenn man die Kleidung nicht wertschätzt. Seh' gut aus und ziehe dich gut an. Wenn du nach draußen gehst, repräsentierst du das Reich

Gottes. Ziehe dich so an, dass die Leute wissen wollen, welchem Gott du dienst. Wenn du durch eine harte Zeit gehst, musst du es nicht in deinem Aussehen widerspiegeln. Wenn du gerade erst deinen Job verloren hast, ziehe keinen Kapuzen-Pullover und dreckige Jeans an, während du mit einer miserablen Körperhaltung herumläufst. Verhalte dich wie ein Kind Gottes und sei offen, das Beste zu tragen.

> **„Und warum sollte man sich Sorgen um seine Kleidung machen? Schaut die Lilien auf dem Feld an und wie sie wachsen. Sie arbeiten nicht und stellen ihre Kleidung nicht her, und doch war Salomo in all seiner Herrlichkeit nicht so schön gekleidet wie sie."**
>
> Matthäus 6:28-29

Wie viel mehr würde dein Vater dann dir schöne, gute Kleidung geben? Gott besitzt all das Silber und Gold. Ihm gehört alles. Ich liebe es, meine Tochter in den besten Kleidern zu sehen. Sie ist meine Tochter und ich möchte ihr das Beste geben, was möglich ist. So geht es Gott mit dir. Verhindere nicht, was er tun kann, indem du dumme Dinge sagst wie: „Das würde ich nie für einen Anzug ausgeben". Aber wer sagt denn, dass du es ausgeben musst? So wie Gott für alles gesorgt hat, ohne dass ich jemanden fragen musste, wird Gott auch für dich sorgen.

Sage niemals: „Dort können wir nicht essen"

Dieser Grundsatz bezieht sich auch auf Hiob 27:16-17. Schaue dir nicht Restaurants an und sage dann, dass du nicht hineingehen könntest, weil es zu teuer wäre. Hör auf, so zu reden. Du kannst dort essen. Hab' wenigstens so viel Glauben, um dir die Speisekarte anzuschauen und vielleicht findest du heraus, dass es nicht so teuer ist, wie du dachtest. Du kannst das Beste essen. Du musst nicht Müll essen und an Diabetes erkranken. Deine Bauchspeicheldrüse und deine Nieren müssen nicht versagen, weil du immer auf der Suche nach dem billigsten, verarbeiteten, frittierten Essen bist. Du kannst essen, was dir schmeckt. Du musst dich nicht zwischen der Versorgung der Armen und deiner eigenen Ernährung entscheiden. Gott hat genug Geld, sich um beides zu kümmern.

Erstelle einen Finanzplan

Ein Armutsdenken hat niemals einen Finanzplan. Du solltest wissen, wie viel Geld ein- und ausgeht. Berücksichtige den Zehnten, die Opfergaben und die Ersparnisse. Die Bibel sagt, dass ein Narr alles ausgibt, was er bekommt (Sprüche 21:20). Du musst eine Einkommensquelle haben. „Ich vertraue Gott" ist keine Einkommensquelle. Abraham vertraute Gott und er arbeitete als ein Viehzüchter. Gott wird die Arbeit deiner Hände segnen. Wenn du nicht arbeitest, wirst du nie gesegnet werden. Es muss etwas geben, was deine Hände tun, um Geld zu verdienen.

Suche nach jemanden, den du segnen willst; nicht nach jemanden, der dich segnen wird

In jeder Kirche, in die ich gehe, denke ich: „Wer wird dort sein? Gibt es dort jemanden im Vollzeit-Dienst, in den ich säen kann? Hat die Gemeine ein Bedürfnis? Wird das Dach erneuert? Wird ein Anbau errichtet? Gibt es etwas, das ich tun kann, um ihnen zu helfen und ein Segen zu sein?" Ich gehe nicht hin und frage mich, was die Leute für mich tun werden. Ich schicke keine Liste mit Forderungen und sage, ich brauche 3.500 Dollar pro Tag. Ich komme mit Geld in meiner Tasche. Ich suche nach Menschen, die ich segnen kann.

Man kann die Menschen selbst mit den kleinsten Gesten schockieren. Ich predigte für einen 81-jährigen Pastor und führte ihn und seine Frau zum Essen aus. Sie bestellten eine Suppe und einen Salat, jewels nur eine Portion für beide zusammen. Ich gab dem Kellner vorab meine Karte und bezahlte das Essen. Der Pastor sagte: „Oh, das hätten Sie nicht tun müssen. Ich kann nicht glauben, dass Sie für unser Essen bezahlt haben." Ich sagte: „Machen Sie sich keine Sorgen, die Rechnung belief sich auf 18 Dollar." Er antwortete: „Nein, es geht nicht um die Rechnung. Ich bin seit 60 Jahren Pastor und Sie sind der erste Evangelist, der je für ein Essen bezahlt hat."

Wie kommt es, dass so viele Evangelisten nie für etwas bezahlen? Sie heben alle ihre Quittungen auf und reichen sie am Ende der Woche ein, um sich die Kosten erstatten zu lassen. Rückerstattungen für Reisen, Flugtickets, Mietwagen und Essen. Ich weigere mich, auf diese Art und Weise zu glauben. Bringe dir bei, nach jemandem zu suchen, den du segnen kannst und nicht danach, wie du andere dazu bringen kannst, dich zu segnen. Wenn du gibst, musst du dir nie Sorgen machen, ob du etwas bekommst - niemals.

In 1. Mose 18 bemerkte Abraham, dass draußen Männer standen, die er zuvor noch nie gesehen hatte. Er lief hinaus und fragte sie, ob sie etwas zu essen hätten. Als er feststellte, dass sie nichts hatten, befahl er ihnen, nicht weg zu gehen, bis seine Frau ihnen etwas zu essen gekocht und sie sich mit Wasser erfrischt hätten (1. Mose 18:4-5).

Die Bibel sagt, wenn du der Same Abrahams bist, wirst du die Werke tun, die Abraham getan hat (Johannes 8:39). Abraham war ein Geber. Stell' dir die Mentalität vor, Fremde auf dem Feld zu sehen und zu fragen, ob sie etwas zu essen hätten. Wenn du Abrahams Segen haben willst, musst du die Werke tun, die Abraham tat. Suche nach Menschen, die du segnen kannst.

Sei dankbar

Dankbarkeit bewirkt, dass sich alles multipliziert. Bevor Jesus das Essen vermehrte, dankte er für das Mittagessen des Jungen (Johannes 6:11). Erst nachdem er gedankt hatte, wurde es vervielfacht. Bevor Jesus Lazarus von den Toten auferweckte, dankte er Gott.

Bevor sich etwas vermehrt, muss man dankbar sein. Ein Armutsdenken ist eine Mentalität der Undankbarkeit. Arme Menschen konzentrieren sich darauf, wer ihnen Unrecht getan hat, wer mehr für sie hätte tun sollen, wer ein Versprechen gebrochen hat, usw.... Arme Menschen können immer genau sagen, wer sie bezahlen sollte und es nicht getan hat, wer ihnen helfen sollte und es nicht getan hat, wem sie geholfen haben und von wem sie nie eine Gegenleistung erhalten haben. Sie beschweren sich ständig.

Sei dankbar, dass du am Leben bist. Danke Gott, dass du eine Lunge hast, die Luft atmet. Danke Gott, dass du einen scharfen Verstand hast und gesalbt bist, Reichtum zu produzieren. Sei dankbar, dass die Hand Gottes auf deinem Leben liegt. Sei dankbar, dass du das Wort Gottes und den Bund Gottes heute in Kraft hast. Sei dankbar, dass das Geld, das du jetzt in der Tasche hast, nie zu Ende gehen wird. Sei dankbar, dass heute der ärmste Tag ist, an dem du jemals sein wirst. Sei dankbar, dass von diesem Tag an Güte und Barmherzigkeit dich jeden Tag deines Lebens begleiten werden und der Segen Gottes alles, was du tust, verfolgen und einnehmen wird.

Es gibt so viel im Leben, wofür man dankbar sein kann. Wen interessiert es, wer mehr für dich hätte tun sollen und es nicht getan hat. Gott ist deine Quelle, nicht die Menschen. Solange du dankbar bleibst, wird Gott dich weiter vermehren, so wie er es mit dem Mittagessen des kleinen Jungen tat (Johannes 6). Wenn du dankbar bist, wird aus dem, was nicht genug ist, mehr als genug, sodass eine Menge von Menschen satt wird und Körbe übrig bleiben.

Kapitel 2

Materialismus zerbrechen

„Liebt nicht diese Welt, noch die Dinge, die sie euch bietet; denn wenn ihr die Welt liebt, habt ihr die Liebe des Vaters nicht in euch. Denn die Welt bietet nur das Verlangen nach körperlichem Vergnügen, das Verlangen nach allem, was wir sehen, und den Stolz auf unsere Leistungen und unseren Besitz. Diese sind nicht vom Vater, sondern von dieser Welt. Und diese Welt vergeht, zusammen mit allem, was die Menschen begehren. Wer aber tut, was Gott gefällt, der wird leben."
1. Johannes 2:15-17

Die Bibel sagt, dass es einen Unterschied zwischen Gott lieben und die Welt lieben gibt.

Als Jesus von der Liebe zur Welt sprach, bezog er sich auf die Dinge, die in der Welt sind. Du kannst dich nicht von Gott segnen und dich zu seinem Reichtum führen lassen, wenn du eine Liebe für materiellen Besitz hegst.

Du bist dir dessen vielleicht noch nicht bewusst, aber du hast höchstwahrscheinlich mit Materialismus zu kämpfen. Ich war mir dessen nicht bewusst, als ich mit Materialismus zu tun hatte. Wenn Gott dich jetzt mit 1 Million Dollar segnen würde, würdest du es für weltliche Dinge ausgeben, die dir gefallen. Ich glaube nicht, dass Gott dich in den Zustand führen wird, den er sich für dein Leben wünscht, bis der Materialismus zerbrochen ist.

Betrachten wir mal meine Definition von „*Materialismus zerbrechen*". Sie entspricht nicht der üblichen Kirchenpredigt, die dazu auffordert sich um nichts zu kümmern und ein Auto zu fahren, welches von christlichen Aufklebern zusammen gehalten wird. Dr. Rodney Howard-Browne erzählte eine Geschichte von der Zeit, als der Herr zu ihm sprach und sagte: „Wenn dir „Alles" nicht mehr von Bedeutung ist, dann werde ich dir Alles geben." Lass diese Aussage in deinem Geist widerhallen.

Wenn dir „Alles" nicht mehr von Bedeutung ist, dann werde ich dir Alles geben.

Im vorherigen Kapitel habe ich erzählt, wie der Herr mir sagte, ich solle das ganze Geld, welches ich für Kleidung ausgab, der Frau geben. Als ich aufhörte, Geld für Kleidung auszugeben, wurde mir klar, wie viel ich dafür ausgegeben hatte. Ich war Single und wollte vorzeigbar aussehen, für den Fall, dass der Herr eine Frau in mein Leben bringt, die ich heiraten möchte. Ich wollte nicht wie ein ungepflegter Trottel aussehen. Als Evangelist steht man immer wieder vor einer neuen Menschenmenge, die einen allein aufgrund des Aussehens beurteilt. Es ist nichts falsch daran, gut aussehen zu wollen.

Nachdem ich eineinhalb Jahre lang kein Geld für Kleidung ausgegeben hatte, war der Materialismus aus meinem System ausgelöscht. Im Grunde hat der Herr mich in dieser Zeit davon abgehalten, billige Anzüge zu kaufen. Und wenn ich dann welche kaufte, gab er mir die schönsten Anzüge, die ich je besessen habe. Seitdem habe ich alle Arten von Kleidung bekommen. Das alles begann damit, dass Gott den Materialismus aus meinem Leben vertrieben hat.

Wenn der Herr uns vor fünf Jahren 1 Millionen Dollar gegeben hätte, hätten wir es ganz anders ausgegeben. Ich würde gerne sagen, dass wir es nicht für uns selbst ausgegeben hätten oder kein Wohngeld genommen und ein extrem schönes Haus bar bezahlt hätten. Die 1 Millionen Dollar jetzt zu erhalten, gab uns jedoch die Möglichkeit, den Mitarbeitern unseres Dienstes eine Gehaltserhöhung zu geben und 400.000 Dollar außerhalb des Dienstes zu spenden.

> **„Trachtet nach dem Reich Gottes und lebt rechtschaffen, so wird er euch alles geben, was ihr braucht."**
>
> Matthäus 6:33

Du musst nicht die Entscheidung treffen, nie etwas Schönes zu haben. Als Gott mir sagte, ich solle aufhören, Kleidung zu kaufen, bedeutete das nicht, dass ich nie wieder neue Kleidung haben würde. Eigentlich war genau das Gegenteil der Fall. Ich habe jetzt sowohl schönere als auch weitaus mehr Kleidung als zu der Zeit, als ich ständig einkaufen ging. Früher bin ich jedes Mal, wenn mir jemand Geld gab, ins Einkaufszentrum gegangen, um mir etwas zu kaufen. Jetzt gibt es keinen Grund mehr zu gehen, denn der Segen verfolgt mich. Gott hat mein Herz verändert und das Reich Gottes wurde zu meiner obersten Priorität.

Mach es dir zur Aufgabe, das Reich Gottes zu bauen. Wenn du das tust, wird Gott dir all die anderen Dinge hinzufügen, denen du nachgegangen bist. Du wirst ihn nicht daran erinnern müssen. Du wirst nicht darum beten müssen. Gott wird dafür sorgen, dass sie dir nachjagen.

Als ich mein ganzes Geld für mich selbst ausgegeben habe, sagten mir die Leute nie: „Ich habe das Gefühl, dass ich etwas für dich tun muss, komm zu mir in mein Anzugsgeschäft" oder „Ich möchte dir etwas schenken, damit du in den Urlaub fahren kannst." Ich war zu sehr damit beschäftigt, dieses Geld für mich selbst auszugeben. Als ich dieses Geld jedoch nahm um es in das Reich Gottes einzusetzen, stellte er mir Menschen zur Seite, die mir die Wünsche meines Herzens erfüllten. *Wenn dir „Alles" nicht mehr von Bedeutung ist, dann werde ich dir Alles geben.*

„Arbeite nicht, um reich zu werden; verlass dich nicht auf deine eigene Weisheit" (Sprüche 23:4; aus dem englischen Bibeltext der KJV übersetzt). Menschen die gegen Wohlstand sind, beziehen sich gerne auf diesen Vers. Jedoch gelingt es ihnen nicht diesen richtig zu interpretieren. Man arbeitet nicht, um reich zu werden. Mein Dienst leistet eine enorme Arbeit, aber unser Ziel ist es nicht, einen Weg zu finden, um uns unter dem Deckmantel des Dienstes persönlich zu bereichern. Unsere Herzen sind auf die Errichtung des Reiches Gottes ausgerichtet. Das ist, wofür unser Herz schlägt. Gott hat versprochen, uns zu segnen, wenn wir ihn an die erste Stelle setzen. „**Der Segen des Herrn macht den Menschen reich und er fügt ihm keinen Kummer zu**" (Sprüche 10:22). Hier heißt es nicht, dass sein Segen „die Bedürfnisse des Menschen stillt", sondern dass es „den Menschen reich macht".

Vor einiger Zeit saß ich in einem Erste-Klasse-Flug neben einer Frau, die ein alkoholisches Getränk trank. Viele Menschen werden gesprächig, wenn sie trinken und diese Frau war keine Ausnahme. Sie redete den ganzen Flug über, ohne Unterbrechung. Nach zwei Stunden fragte sie: „Was machen Sie eigentlich beruflich?" Ich hatte keine Lust, es ihr zu sagen. Wenn man Leuten erzählt, dass man ein Prediger ist, muss man sich normalerweise anhören, was sie über Prediger und das Christentum denken. Sie drängte weiter, also erzählte ich es ihr schließlich. Sie war überrascht, dass ich in der ersten Klasse saß und sagte: „Ich dachte, ihr Prediger solltet all euer Geld an die Armen geben." Ich antwortete: „Ich habe versucht, mein ganzes Geld den Armen zu geben, aber je mehr ich gebe, desto mehr fließt zurück."

Du muss dich nicht entscheiden, indem du sagst: „Anstatt mir schöne Dinge zu kaufen, werde ich das Geld, welches ich für mich verwendet hätte, dem Reich Gottes für Seelen geben." Oder „Wir hatten nie etwas Schönes, weil wir alles an den Dienst gegeben haben". Wir alle haben schon einmal jemanden gehört oder kennen jemanden, der so etwas gesagt hat. Ich glaube diesen Menschen nicht. Jesus sagte: „**Gebt und ihr (nicht andere Menschen) werdet empfangen. Eure Gabe wird in Fülle zu euch zurückkommen - gedrückt, zusammengeschüttelt, um Platz für mehr zu schaffen, überfließend und in euren Schoß gegossen**" (Lukas 6:38; Hervorhebungen und Klammern hinzugefügt). Es ist unmöglich sein Geld und Opfergaben zu geben, um Gottes Reich zu bauen und am Ende mit nichts zurückzubleiben. Jesus sagte in Apostelgeschichte 20:35: „... **Geben ist seliger als nehmen.**" Der Segen bleibt bei mir.

> „Denn diese Gerechten werden antworten 'Herr, wann haben wir dich jemals hungrig gesehen und mussten dich nähren? Oder durstig und gaben dir zu Trinken? Oder als Fremden und waren gastfreundlich? Oder nackt und gaben dir Kleidung? Wann haben wir dich jemals krank oder im Gefängnis gesehen und besuchten dich?' Und der König wird sagen: 'Wahrlich ich sage euch, wenn ihr dies für einen der niedrigsten meiner Brüder und Schwestern getan habt, habt ihr es für mich getan!'"
>
> Matthäus 25:37-40

Es gibt drei Wege, auf denen du der Gnade, welche Materialismus bricht, erlauben kannst, in deinem Leben zu fließen: vertiefe dich in die Nöte anderer, vertiefe dich darin, die Verlorenen zu erreichen und gib.

Kümmere dich um die Nöte anderer

T.L. Osborn sagte, dass jeder Christ sich in menschliche Nöte einbringen sollte. Was bedeutet diese Aussage? Wenn du nachschaust, wem ich auf Twitter folge, wirst du sehen, dass ich Nachrichtensendern folge, die über Christen in Syrien, dem Mittleren Osten, Pakistan und Südost Asien berichten. Ich zwinge mich dazu, Bilder eines 4 Jährigen Jungen anzuschauen, der seine zwei jährige Schwester hält, da ihre Eltern bei einem Erdbeben umgekommen sind. Ich bringe mich dazu die Bildern von massakrierten Christen in Pakistan anzuschauen. Ich weigere mich die geschwärzten oder zensierten Bilder anzuschauen. Ich schaue mir die Bilder an, wo weinende Menschen zu sehen sind, während sie auf dem Boden liegen, weil eins ihrer Beine weggesprengt wurde. Wenn du solche Bilder siehst, ist es schwer ein Christ zu sein, der ein Zeugnis darüber gibt, wie hart das Jahr war, weil man eine Beförderung erwartet hatte - „Ich wurde leider nicht befördert. Wir haben unseren Kunden versprochen, dass wir einen Pool aufstellen würden, und jetzt ist das uns nicht möglich."

Hör auf dein Leben zu leben, indem du dich über jede Kleinigkeit, die passiert, aufregst. Bringe dich in die tatsächliche menschliche Not ein - Menschen, die sterben, Menschen, die keine Nahrung haben, Menschen, die Hilfe brauchen. Mache es zu deiner Angelegenheit. Du kannst es nicht einfach ansehen und nichts tun wollen.

Ebenfalls, wenn man sich in die materialistische Kultur der Stars vertieft, wird man auch materialistisch. Man kümmert sich nur noch um Dinge, die unwichtig sind. Sprüche 4:23 sagt: **„Bewache dein Herz über allem anderen, denn es bestimmt den Kurs deines Lebens."** Wenn das, was du dir anschaust, die Wünsche deines Herzens kontrolliert, dann schaue dir keine Luxus Magazine an. Ansonsten wird es ein Verlangen nach diesen materialistischen Gütern kreieren. Du kannst Materialismus nicht durchbrechen, wenn du dich mit Dingen umgibst, die Materialismus füttern. Durchbreche Materialismus, indem du dich in menschliche Nöte einbringst.

Auf den Sozialen Netzwerken folge ich Profilen und Berichten, die die Not der verfolgten Kirche zeigen. Materialismus kann niemals in meinem Herzen wachsen, denn das, was mich am meisten beschäftigt, sind die Nöte der Menschen. Es vergeht kaum ein Tag, an dem ich nicht in die hungernden Gesichter dieser Menschen schaue. Dieses Streben nach den Nöten Anderer ist nicht zufällig entstanden, sondern wurde kultiviert.

Bemühe dich, zu erfahren, was gerade mit deinen christlichen Brüdern und Schwestern in Pakistan, Nord Afrika, Südost Asien und Myanmar passiert. Gebe dich nicht damit zufrieden nur ab und zu davon zu hören. Mache es dir zur Aufgabe, zu recherchieren. Wenn du nicht davon weißt, dann interessiert es dich auch nicht. Sei nicht jemand, der keine Ahnung davon hat, was gerade in der Welt vor sich geht, einfach nur weil es nicht in deinem eigenen Land passiert. Kümmere dich um deine christlichen Geschwister überall auf der Welt. Wenn du siehst, was sie durchmachen, wird in dir der Wunsch entstehen, zu helfen.

Engagiere Dich, die Verlorenen zu erreichen

Wenn du in der Geschäftswelt tätig bist, solltest du es dir zum Ziel setzen, den größten Teil deiner Einnahmen in den Aufbau des Reiches Gottes zu investieren. Bevor wir eine Millionen Dollar an Opfergaben erhielten, waren und sind immer noch unsere größten Ausgaben unseres Diensten für Spenden. Es bereitet Freude so eine Organisation zu leiten. Wenn du das Geben zu deiner höchsten Priorität machst, dann fließt das Geld wie aus einem Wasserhahn. Unser Spendenaufkommen ist größer als das, was wir für Gehälter oder Sendezeit im Fernsehen bezahlen.

Finde Menschen, die Seelen gewinnen. Wir unterstützen Dienste außerhalb unserer eigenen. John Osteen, der Vater von Joel Osteen, verbachte früher seinen ganzen Montag damit, Schecks für Missionare zu unterschreiben. Es gibt ein Geheimnis, um an die Spitze zu kommen: Kümmere dich darum, was in der Welt passiert. Nicht nur, um verletzen Menschen Essen, Decken und Kleidung zu geben, sondern auch, für die Rettung ihrer Seelen zu sorgen.

Überlasse niemanden die Arbeit, die unter dem Deckmantel der Missionsarbeit vier Jahre lang als Touristen in Übersee unterwegs sind, denn dadurch wird niemand gerettet. Manche Leute haben nur PowerPoint-Folien mit Menschen, die sie getroffen haben und Geschichten darüber, wie schwer es ist in einem Dritte-Welt-Land zu leben. Finde Menschen, die die Verlorenen gewinnen, und investiere dich in ihre Arbeit. Schaue dir Bilder von dem an, was sie tun. Lass es dein Herz berühren. Und wenn es dein Herz bewegt, wird es auch dein Geld bewegen.

Geben

Erlaube der Gnade des Gebens in dein Leben zu kommen. Gott hat das Geben als einen idiotensicheren Plan etabliert, um zu verhindern, dass dich der Materialismus gefangen hält. Wenn du dich zurücklehnst und nichts tust, zeigst du Gott im Grunde: „Ich bin überhaupt nicht interessiert an deinem Reich. Du wirst keinen Dollar von mir bekommen." Dann weiß Gott, dass diese Welt dein Herz im Griff hat.

Gott hasst Geiz. Man kann nicht gleichzeitig ein Geber und geizig sein, das sind widersprüchliche Begriffe. Geizige Menschen geben nicht und Gebern fehlt der Geiz. Manche Christen sagen: „Wenn Gott dich segnet, wird das Geld den Platz Gottes in deinem Herzen einnehmen." Nein, das wird es nicht. Die Bibel sagt in 5. Mose 8:12-13: **„Denn wenn ihr satt und wohlhabend geworden seid und schöne Häuser habt, in denen ihr wohnt, und wenn eure Schafe und Rinder sehr groß geworden sind und euer Silber und Gold sich mit allem anderen multipliziert hat, dann seid vorsichtig!"**

Als eine Millionen Dollar in unseren Besitz gelangte, sagte ich: „Wir müssen jetzt vorsichtig sein. Wir haben eine Menge Geld." Ich kenne zwei andere Dienste, die in den letzten Jahren eine Millionen Dollar erhalten haben und jetzt in einer schlechteren finanziellen Verfassung sind als jemals zuvor. Sobald das Geld hereinkam, gingen sie in den Schutzmodus. Sie zogen den Zehnten von der Million nicht ab und der Fluch kam. Ich stellte sicher, dass ich sagte: „Gott, wir werden nicht nur 10% geben, sondern zusätzlich 30%, um dich wissen zu lassen, dass je mehr du uns segnest, desto weniger beherrscht das Geld unser Herz. Je mehr du uns segnest, desto mehr werden wir geben."

Schauen wir uns die Worte von Paulus in 2. Korinther 8:1-8 an: **„Ich will aber, dass ihr wisst, liebe Brüder und Schwestern, was Gott in seiner Güte durch die Gemeinden in Mazedonien getan hat. Sie werden durch viele Schwierigkeiten auf die Probe gestellt und sind sehr arm. Aber sie sind auch von großer Freude erfüllt, die in großer Großzügigkeit übergeflossen ist.**

Denn ich kann bezeugen, dass sie nicht nur gegeben haben, was sie sich leisten konnten, sondern weit mehr. Und sie taten es aus freien Willen. Sie baten uns immer wieder um das Privileg, an der Gabe für die Gläubigen in Jerusalem teilhaben zu dürfen. Sie taten sogar mehr, als wir gehofft hatten, denn ihre erste Handlung war, sich zuerst dem Herrn und uns zu schenken, so wie Gott es von ihnen wollte. Deshalb haben wir Titus, der euch als Erster zum Geben ermutigt hat, gebeten, zu euch zurückzukehren und euch zu ermutigen, diesen Dienst des Gebens zu vollenden. Da ihr euch in so vielerlei Hinsicht auszeichnet - in eurem Glauben, euren begabten Sprechern, eurem Wissen, eurem Enthusiasmus und eurer Liebe zu uns - möchte ich, dass ihr euch auch in diesem gnädigen Akt des Gebens auszeichnet. Ich befehle euch nicht, dies zu tun. Aber ich prüfe, wie echt eure Liebe ist, indem ich euch mit dem Eifer der anderen Kirchen vergleiche."

Geben beweist deine Liebe zu Gott. Weit mehr zu geben, als man es sich leisten kann, ist übernatürlich. Der Teufel stiehlt, der Mensch hortet und Gott gibt. Es liegt in der Natur des Menschen, alles zu behalten, was er hat. Erlaube Gott das aus deinem Leben zu verbannen. Ich habe beobachtet, wie meine 4 Jahre alte Tochter mit kleineren Kindern spielt. Es gibt neun Spielsachen und sie nimmt alle neun und geht weg. Das andere Kind folgt ihr und fragt: „Kann ich eins haben?" Wenn ich sie dann auffordere, die Spielsachen zu teilen, fängt sie sofort an zu weinen, obwohl es nicht einmal ihre Spielsachen waren!

Menschen wollen immer alles horten. Erlaube es dir nicht, in diese Kategorie zu fallen. Lasse dich heute auf die Gnade des Gebens ein und erlaube es dir, ein großer Geber zu werden. Ich räumte mein Bankkonto schon zwei Mal leer, bevor ich 25 Jahre alt war. Damals schien es eine große Sache zu sein. Heute erscheinen mir die Beiträge, die ich gegeben habe, sehr klein, denn ich habe Gott bewiesen, dass ich alles, was er mir gibt, jederzeit zurückgeben würde. Dass Abraham Isaak auf den Altar gelegt hat, ist eine Gnade von Gott. Dass Gott seinen eingeborenen Sohn schickt, ist das Wesen Gottes. Gott wünscht sich, dass wir dasselbe Wesen haben. Wenn Gott seinen eigenen Sohn nicht verschont, wie kannst du dann irgendeinen materiellen Besitz zurückhalten?

Lass die Gnade des Gebens zu einem Teil deines Lebens werden. Jedes Mal, wenn du deinen Zehnten gibst, ist es ein Beweis für Gott, dass Geld dein Leben nicht in der Hand hält. Deine Opfergabe ist ein Beweis für Gott, dass deine Liebe zu ihm und seinem Reich echt ist. Deine Opfergabe sagt im Prinzip: „Gott, ich habe das Recht, das Geld für alles auszugeben, was ich will, aber ich will es in deine Hände geben." Dann weiß Gott automatisch, dass du keine Gier und keine Liebe für diese Welt hast. Du qualifizierst dich als jemand, den Gott segnen kann.

Bete dieses Gebet: *Ich bete, dass jede Spur von westlichen Materialismus oder europäischen Geiz, welche irgendwo in meinem Geist lauert, jetzt sofort im Namen Jesu vernichtet wird. Durch dieselbe Gnade des Heiligen Geistes wird in meinem Herzen der Wunsch entstehen zu geben. Wenn ich in einem Restaurant bin und einen anderen Tisch mit Leuten aus der Kirche sehe, werde ich nicht nur für mein eigenes Essen bezahlen, sondern auch für das der Anderen. Möge ich Augen haben wie Abraham und Jesus, die danach Ausschau halten, wen ich segnen kann und nicht danach, wer mich segnen wird. Und wenn ich das tue, werden mir all die Dinge, nach denen andere Menschen streben, hinzugefügt werden. In Jesu Namen, Amen.*

Kapitel 3

Sich von stagnierten Menschen trennen

"Wer mit den Weisen wandelt, wird weise sein, aber der Geselle der Narren wird zugrunde gehen."
Sprüche 13:20
(von dem englischen Bibeltext der NKJV übersetzt)

Die meisten Menschen bekommen Ratschläge von den Misserfolgen Anderer. Sie heiraten nicht, weil ihre Mutter, die nie verheiratet bleiben konnte, ihnen erzählt hat, wie schrecklich die Ehe ist. Ihr Vater, der sie verlassen hat, sagt ihnen, dass sie Frauen nicht trauen sollen. Sie hören auf Versager und werden dann selbst zu Versagern.

Die Menschen, mit denen man im Leben Zeit verbringt, sind die Menschen, zu denen man im Leben wird. Du kannst nicht reich werden, wenn du mit Christen bist, die Reichtum und Wohlstand verachten. Ich sage nicht, dass du alle deine armen und mittelständigen Freunde loswerden sollst, aber dir sollte bewusst sein, mit wem du deine Zeit verbringst.

Wenn die Bibel von einem gleichen Joch spricht, geht es nicht nur darum, jemanden zu heiraten, der ebenfalls Christ ist. Wenn du schon einmal in der Kirche warst, hast du sicher schon einmal gehört, dass jemand von einem ungleichen Joch gesprochen hat. Dies ist ein Zitat aus 2. Korinther 6:14, wo es heißt: **"Lass dich nicht mit Ungläubigen unter ein Joch legen. Denn was haben Gerechtigkeit und Bosheit miteinander zutun?**

Oder welche Gemeinschaft kann das Licht mit der Finsternis haben?" (aus dem englischen Bibeltext der NIV übersetzt). Dieser Vers kann mit 5. Mose 22:10 verglichen werden, wo geschrieben steht, dass, wenn zwei unterschiedliche Tiere zusammen kommen und zusammen ein Feld pflügen und nicht gleichmäßig gejocht sind, würde eines mehr Gewicht ziehen müssen. Wie du siehst, gilt ein gleiches Joch nicht nur für die Ehe, sondern für alles, was du im Leben tust - zum Beispiel mit einem Geschäftspartner oder einem Freund. Man möchte sich mit anderen Menschen zusammentun, die in die gleiche Richtung ziehen und an das Gleiche glaube. Amos 3:3 fragt: **„Können zwei Menschen zusammen gehen, ohne sich über die Richtung einig zu sein?"** Man kann nicht vorwärts kommen, wenn man mit Leuten verbunden ist, die gerne rückwärts gehen.

Du musst Leute finden, die an das Gleiche glauben wie du. Die meisten Menschen machen den Fehler, sich mit jedem zu umgeben, auf den sie stoßen - „Hey, wir sind zusammen aufgewachsen. Wir waren zusammen in der vierten Klasse." Wenn man erwachsen wird, sollte das alles keine Rolle mehr spielen. Du musst lernen, Menschen grundsätzlich loszulassen, die sich weigern, sich weiterzuentwickeln. Ich will nicht dafür plädieren, dass man Menschen, die Hilfe brauchen, im Stich lässt. Was ich damit sagen will, ist, dass die meisten von uns einen Freund kennen, der nicht gesegnet ist und auch kein Interesse daran hat, gesegnet zu werden. Zusätzlich interessieren sie sich nicht dafür, was du zu diesem Thema zu sagen hast. Du kannst dein Leben nicht damit vergeuden, darauf zu hoffen, dass diese Menschen zu sich kommen. Was du tun solltest, ist für sie zu beten, aber überlasse es dem Herrn. Möge der Herr ihnen jemand Neues über ihren Weg schicken.

Jesus sagte in Matthäus 10:14: **„Wenn ein Haushalt oder eine Stadt sich weigert, euch aufzunehmen oder eure Botschaft zu hören, schüttelt den Staub von euren Füßen, wenn ihr geht."** Er sagte nicht: „Ignoriert, was die Stadt sagt und geht trotzdem hinein." Er sagte: „ Wenn eine Stadt deine Botschaft nicht annimmt, schüttle den Staub von deinen Füßen und verdamme diese Stadt zu ihrem Tod. Das Gleiche gilt für die Menschen."

Du kannst dein ganzes Leben damit verschwenden, jemanden für den Herrn zu gewinnen, der überhaupt nichts mit dem Herrn zu tun haben will. Währenddessen hättest du in der gleichen Zeit 250 andere Menschen zu Jesus führen können.

> „Der Herr sagte zu Abram: ‚Verlasse deine Heimat, deine Verwandten und die Familie deines Vaters, und zieh in das Land, das ich dir zeigen werde. Ich werde dich zu einem großen Volk machen. Ich werde dich segnen und berühmt machen und du wirst ein Segen für andere sein. Ich werden diejenigen segnen, die dich segnen und diejenigen verfluchen, die dich verachten. Alle Familien auf der Erde sollen durch dich gesegnet sein.'"

Genesis 12:1-3

Die meisten Menschen akzeptieren es, wenn man im Leben vorankommt. Das aber nur bis du anfängst, ihren eigenen Erfolg zu überholen. Wenn du aber beginnst, dich mehr mit Wohlstand zu beschäftigen als jemand anderes, hört man oft Dinge wie: „Ich denke, du nimmst das bisschen zu ernst. Ich glaube, du gibst zu viel. Du weißt schon, dass der Zehnte nicht im Neuen Testament vorkommt."

Warum sollte man sich mit Menschen umgeben, mit denen man nur streitet? Ich schätze, dass 90% der Christen versuchen, mit Menschen zu laufen, mit denen sie überhaupt keine Übereinstimmungen haben. Entweder glauben sie nicht an Heilung wie du es tust oder sie glauben nicht an Wohlstand. Ihr erbaut einander nicht, indem ihr Themen meidet, welche eventuell Streit verursachen könnten. Es ist nicht falsch daran, Menschen zu dienen, die anderer Meinung sind als man selbst. Wenn es jedoch um den engen Freundeskreis geht, ist es wichtig, dass man Menschen auswählt, die vorwärts gehen.

> „…Ahmt denen nach, die durch Glauben und Geduld erben, was verheißen ist."

Hebräer 6:12
(Aus dem englischen Bibeltext der NIV übersetzt)

Umgib dich mit Menschen, die es nach oben schaffen wollen, die Armut verachten und harte Arbeit schätzen. Umgib dich mit Menschen, die das Reichsein nicht als etwas Schlechtes ansehen. Wenn du jemandem folgst, wirst du seine Einstellung aufgreifen. Alles, was im Leben dieser Person ist, wird auf dich übergehen. Lass dich nicht nur von der Tatsache beeindrucken, dass diese Person gesegnet ist, schöne Anzüge hat oder ein guter Redner zu sein scheint. Sieh das Leben und die Früchte an.

Einerseits kann es jemandem in einigen Bereichen gut gehen. Man bemerkt, er ist immer noch mit seiner ersten Frau zusammen und hat gute Kinder. Auf der anderen Seite sind sie gegen Wohlstand und ihr Dienst ist pleite. Sie müssen einen Kuchenverkauf, eine Modeschau oder ein Hähnchenessen veranstalten, wenn sie etwas mit ihrer Kirche tun wollen. Ihr Dienst hat immer eine Not und kämpft mit finanziellen Problemen. Ich würde nicht so weit gehen und sagen, dass man mit so jemanden nicht reden sollte, aber ich würde mein Leben nicht nach jemanden richten, der in irgendeiner Form solche Probleme hat.

Ich habe Leute ausfindig gemacht, die ihren Dienst ohne Schwierigkeiten leiten. Beispielsweise hat Kenneth Copeland 27 Flugzeuge an andere Dienste gegeben. Christen, die wie Kenneth Copeland glauben und etwas wollen - kaufen es. Ein gutes Beispiel dafür ist Bischof David Oyedepo, der nie eine Spende für den Kauf seines Flugzeugs entgegennahm. Auf die Mitglieder seiner Kirche wurde somit kein Druck ausgeübt. In den Gottesdiensten wird dann nicht gesagt: „Ich glaube, es gibt hier 7 Menschen, die 2.017 Dollar säen werden, die für das Jahr 2017 stehen und wenn sie sich weigern dies zu tun, verlieren sie die Gunst Gottes." Nimm dir immer ein Beispiel an Leuten, die es richtig machen.

Vor kurzem war ich mit einem Diener Gottes unterwegs, der einer traditionellen Konfession angehört. Er erzählte mir, dass er nicht mehr an den Bezirks- oder Bereichsversammlungen dieser Konfession teilnimmt. Er erklärte, er wolle nicht, dass ihm einer der Leiter die Hände auflegt, weil sie nicht an das glauben, was er glaubt. Er glaubt an Heilung und Wohlstand, sie jedoch nicht. Leider ist er genau so töricht wie diese Männer, weil er dennoch in dieser Gemeinschaft bleibt. Bleibe nicht in der Gesellschaft von Leuten, um ein großer Fisch in einem kleinen Teich zu sein - so vergeuden Menschen ihre Leben. Diener Gottes bleiben oft in Konfessionen, mit denen sie nicht einverstanden sind, von denen sie nichts empfangen können und dessen Gottesdienste sie nicht einmal besuchen. Warum? Trenne dich von ihnen. Finde Menschen, die glauben, was du glaubst, die in die gleiche Richtung gehen, in die du gehen willst und schließe dich ihnen an.

Menschen, die nicht im Vollzeit-Dienst sind, tun dasselbe. Sie gehen in eine tote Kirche, die nicht an Wohlstand glaubt. Wenn du wachsen willst und glaubst, dass Gott dich erheben möchte, dann musst du dich fragen: „In welche Art von Kirche gehe ich?" Wenn du in eine Kirche gehst, die Wohlstand entweder kritisiert oder nicht darüber lehrt, machst du einen großen Fehler. Du solltest einen Pastor haben, der dich in diesem Bereich ermutigt. Du solltest nicht damit kämpfen müssen, die Kirche zu besuchen oder deine eigenen Überzeugungen zu verstecken. Genauso wie du dir deinen Freundeskreis aussuchst, musst du auch eine Kirche aussuchen, zu der du gehören möchtest.

Ich liebe Heilung. Wenn ich auf der Suche nach einer Heimatgemeinde wäre und den Pastor sagen hören würde: „Wie viele von euch wissen, dass Krankheit von Gott kommen kann und er sie manchmal benutzt, um uns eine Lektion zu erteilen?" Ich wäre da sofort raus! Ich werde nicht auf Reisen gehen und meine Frau und meine Tochter in dieser Gemeinde zurücklassen. Ich weigere mich, dass diese Dinge über sie ausgesprochen werden, um mich dann wundern zu müssen, warum sie mit Krankheiten zu kämpfen haben. Stattdessen habe ich mich bewusst für meine Heimatgemeinde entschieden, in der Heilung gepredigt wird. Wenn meine Familie nicht mit mir reist, habe ich die Gewissheit, dass sie in der Gesellschaft von Menschen sind, mit denen ich übereinstimme. So ist es auch mit dem Reichtum. Man kann nicht reich werden, wenn man in einer Kirche sitzt, in der die Armut verherrlicht wird.

Ich verstehe nicht, warum die Menschen einer Kirche oder einer Konfession so loyal gegenüber sind. Pastor Lester Sumrall sagte einmal etwas, das mir im Gedächtnis geblieben ist. Er sagte, Menschen seien seltsam. Sie wollen den neuesten, modernsten Fernseher oder das neueste Auto. Wenn es aber um eine Kirche geht, gehen sie in dieselbe Kirche, in die ihre Familie seit hundert Jahren geht. Ich will dich nicht dazu ermutigen, alle fünf Jahre die Kirche zu wechseln, aber wenn deine Kirche oder Konfession sich nicht mehr mit Gott bewegt, dann ist es an der Zeit sich von ihr zu trennen und herauszufinden, wo die Bewegung Gottes ist. Ich habe mich dazu entschlossen, nicht bei einer toten Kirche oder einem toten Dienst zu bleiben.

Stell dir diese wichtigen Fragen: Wo gehst du zur Kirche? Mit wem treibst du dich herum? Trenne dich von den falschen Leuten und beginne, denen zu folgen, die den Herrn mit reinem Herzen anrufen und den Segen Gottes lieben. In der Bibel gibt es das Prinzip, dass sich gleiche Geister anziehen. Wenn du zum Beispiel ein Prediger und Teil einer geistlich toten Konfession bist und die Leitertreffen besuchst, wirst du geistlich tote Menschen vorfinden. Keine geistlich lebendigen Menschen gehen an solche Orte. Du wirst dein ganzes Leben lang nur Versager und Faulenzer treffen, die dir in keinster Weise eine Hilfe sind. Am Ende sehnst du dich danach, dass der Gottesdienst vorbei ist, damit du nach Hause fahren kannst und der ganzen Langeweile endlich entfliehen kannst. Ist das eine Art zu leben?

Wenn du mit Menschen zu tun hast, die sich weiterentwickeln, wirst du ständig auf Menschen treffen, die dich inspirieren. In Sprüche 27:17 heißt es: „**Wie Eisen das Eisen schärft, so schärft ein Mensch den anderen**" (aus dem englischen Bibeltext der NIV übersetzt). Gott will nicht, dass du ständig auf Verlierer triffst. Wenn du nach dem Segen strebst, wirst du andere Menschen finden, die nach dem Segen streben. Du wirst mit Gewinnern und Siegern in Kontakt kommen. Sie werden dich schärfen und du wirst sie schärfen. Du wirst dich wirklich darauf freuen, an Gottesdiensten teilzunehmen. Stell dir vor, du würdest dich wirklich darauf freuen, in die Kirche zu gehen, weil du nicht mehr in eine tote Kirche gehst - voller Menschen, die jeden kritisieren, der sich vorwärts bewegt. Stattdessen gehst du in eine Kirche, in der Menschen Gott lieben und beschlossen haben, jedes Hindernis zu überwinden, das sich ihnen in den Weg stellt.

Diejenigen von euch, die das hier lesen und Single sind: Habt ihr jemals daran gedacht, dass der Grund, warum keiner der Jungs oder Mädchen in eurer Kirche euch interessiert, darin liegt, dass sie alle geistlich tot sind? Vielleicht kannst du niemanden finden, weil du in einer geistlich toten Kirche bist. Wenn du eine Gemeinde besuchst, in der die Menschen danach streben, den Segen Gottes zu erlangen, wirst du Männer und Frauen treffen, die Überwinder sind. In einer toten Kirche kannst du einen Haufen rückwärts gewandter Menschen treffen und wissen, dass es ein Fehler wäre, einen von ihnen zu heiraten. Stell dir vor, du besuchst eine Kirche und triffst Männer und Frauen, die für Gott brennen und die du heiraten könntest.

Wähle sorgfältig aus, wo du zur Kirche gehst. Wähle mit Bedacht die geistliche Gemeinschaft, der du angehörst. Finde Menschen, die für Gott brennen. Wenn du keine guten geistlichen Gemeinschaften kennst, empfehle ich dir die Revival Ministries International Ministerial Association (in den USA). Ich fordere dich auf, dorthin zu gehen, wo die Lebenden wohnen.

In den Kapiteln 13 und 14 vom 4. Buch Mose wird die Geschichte von zwölf Kundschaftern erzählt, die ausgesandt wurden, um das Land einzunehmen, das Gott seinen Kindern versprochen hatte. Zehn der Spione sagten, dass die Israeliten nicht in der Lage wären, das Land einzunehmen. In der Bibel heißt es, dass sie ihren schlechten Bericht voller Unglauben unter dem Volk verbreiteten, bis alle zu weinen begannen. Unglaube ist ansteckend. Wenn du dich mit Leuten umgibst, die gegen Wohlstand sind, ist ihr Unglaube ansteckend. Du denkst vielleicht, dass es nicht auf dich abfärben wird, aber was du nicht erkennst, ist, dass es bereits passiert ist.

Josua und Kaleb sonderten sich von den zehn ungläubigen Spionen ab. In 4. Mose 14 deklarierten sie: „Wir sind imstande, das Land einzunehmen und es vom Jordan bis zum Meer zu besitzen. Und auch wenn es Riesen im Land gibt, wenn der Herr mit uns ist, werden wir sie verschlingen wie Brot. Wir werden sie mit Leichtigkeit besiegen." Nachdem sie dies gehört hatten, sprach das gesamte hebräische Lager davon, Josua und Kaleb zu steinigen.

Leider gefällt es nicht jedem, wenn man sagt, dass man vorrückt, um sich das zu nehmen, was einem laut Gott gehört. Als sie sagten, sie könnten den Segen Gottes besitzen, wollten die Menschen sie umbringen. Wenn du das, was du in diesem Buch gelernt hast, den meisten Menschen im Leib Christi erzählst, würden sie sagen: „Oh, einer dieser Wohlstandsprediger. Man muss vorsichtig sein, wenn man sich das anhört."

Die Menschen hassen es, wenn andere weiter kommen, als was sie für möglich halten. Wenn du ihnen vorausgehst und zeigst, dass du nicht klein sein musst, finden sie das peinlich. Anstatt sich zu schämen oder lernfähig zu sein, greifen sie die Person an, die vorwärts gegangen ist. Josua und Kaleb sind nie rückwärts gegangen. Sie mussten sich von dem Volk, mit dem sie jahrelang marschiert waren, abkapseln. Gott belohnte Josua und Kaleb für ihre Taten. Er gab ihnen, was sie ausgesprochen haben, während die anderen zehn Spione bekamen, was sie selbst behaupteten.

In 4. Mose 14:26-28 sagte Gott, dass alle in der Wüste sterben würden, weil sie sich beklagt hatten. Mit wem du dich umgibst, hat Einfluss darauf, was du glaubst - und was du glaubst, bestimmt, was du sagst. Die Bibel sagt, dass Tod und Leben in der Macht der Zunge liegen (Sprüche 18:21). Du kannst nicht glauben und von Wohlstand reden, während du dich mit Leuten herumtreibst, die nicht glauben und nur von Armut reden. Deshalb solltest du dich von solchen Leuten trennen und dich mit den richtigen Leuten zusammentun.

Mit der Lektüre dieses Buches hast du bereits einen guten Start hingelegt. Aber es entschädigt dich nicht dafür, dass du in eine tote Kirche gehst oder in eine, die nicht an den

Wohlstand glaubt. Tappe nicht in die Falle, dass du versucht voranzukommen, während du von Toten umgeben bist. Du bist lebendig! Gott hat dich lebendig gemacht und dich durch seinen Geist belebt. Wenn du die Orte verlassen musst, an denen du jahrelang warst, dann tu es! Da wartet ein ganz anderes Lager auf dich, das aus lebendigen Menschen besteht, die große Dinge für das Reich Gottes erreichen wollen. Es wird dazu führen, dass dein Leben so angenehm wird wie nie zuvor, und du wirst deinen Lauf gut vollenden, in Jesu Namen!

Kapitel 4

Gottes Wort in deinen geistigen Menschen einbauen

„Ich verspreche dir, was ich Mose versprochen habe: ‚Wo immer du deinen Fuß hinsetzt, wirst du auf dem Land sein, das ich dir gegeben habe - von der Wüste Negev im Süden bis zum Libanongebirge im Norden, vom Euphrat im Osten bis zum Mittelmeer im Westen, einschließlich des ganzen Landes der Hethiter. Solange du lebst, wird sich niemand gegen dich stellen können. Denn ich werde mit dir sein, wie ich mit Mose war. Ich werde dich nicht im Stich lassen und dich nicht verstoßen. Sei stark und mutig, denn du bist derjenige, der dieses Volk führen wird, um das ganze Land in Besitz zu nehmen, das ich ihren Vorfahren versprochen habe, ihnen zu geben. Sei stark und sehr mutig. Achte darauf, dass du alle Anweisungen befolgst, die Mose dir gegeben hat. Weiche nicht von ihnen ab und gehe weder nach rechts noch nach links. Dann wirst du in allem, was du tust, erfolgreich sein. Studiere dieses Buch der Weisungen ständig. Meditiere Tag und Nacht darüber, damit du sicher bist, dass du alles befolgst, was darin steht. Nur dann wirst du Erfolg haben und in allem, was du tust, erfolgreich sein.'"

Josua 1:3-8

Als Gott den Führungsstab von Mose an Josua überreichte, gab Gott Josua den Schlüssel zum Erfolg. Der Schlüssel war Gottes

Wort vor Augen zu haben und nicht von seinen Anweisungen abzuweichen. Ein Schlüssel zum Wohlstand ist Gottes Wort vor Augen zu haben und Tag und Nacht darüber zu meditieren. Meditation ist das qualitative Nachdenken über das, was man gerade gelesen hat. Lerne still zu sitzen und erlaube dem Herrn, durch seinen Geist zu dir zu sprechen, wie du das, was du gerade gelesen oder gehört hast, auf dein Leben anwenden kannst.

In Römer 10:17 heißt es: **„So kommt also der Glaube durch das Hören, das Hören aber durch das Wort Gottes"** (aus dem englischen Bibeltext der NKJV übersetzt). Der Glaube entsteht, wenn man das Wort Gottes hört, das gepredigt wird, und nicht nur, wenn man es liest. Eine Sache, die mein Leben in jeder Hinsicht, auch in finanzieller Hinsicht, verändert hat, war, als der Herr zum ersten Mal zu mir sprach und mich aufforderte, zwei Gottesdienste pro Tag anzubieten, statt nur einen Abendgottesdienst. Gleichzeitig spürte ich, dass Gott zu mir sprach, dass ich austrocknen und kein Material mehr haben würde, wenn ich nicht mehr Zeit für mein Bibelstudium aufwenden und mehr von Gottes Wort in meinen Geist einpflanzen würde. Ich würde nicht genug zum Predigen haben. Ich begann, große Männer Gottes wie Bischof Oyedepo, Pastor Adeboye, Matthew Ashimolowo, T.L. Osborn, Kenneth Hagin und Lester Sumrall etwa eine Stunde pro Tag anzuhören. Suche nach Menschen, die die Gaben haben, die du dir wünschst, und höre ihnen beim Predigen zu. Anschließend wird das, was in ihrem Geist ist, in deinen Geist gelangen.

In Hesekiel 2:2 heißt es: **„Und der Geist kam in mich, als er zu mir redete"** (aus dem englischen Bibeltext der KJV übersetzt). Predigen ist eine großartige Form der Übertragung. Obwohl das Handauflegen eine geistliche Übertragung ist, verstärkt das Hören der Predigt die Wirkung, die das Handauflegen haben kann. Wenn man jemanden nimmt, der ein Jahr lang jeden Tag einem bestimmten Prediger zugehört hat, und ihn mit jemandem vergleicht, der einfach nur das Händeauflegen erlebt hat, dann wird die Person, welche den Predigten zugehört hat, eine wesentlich größere „Übertragung" erhalten. Bischof

Oyedepo hatte zum Beispiel nie die Gelegenheit, sich von Kenneth Hagin die Hände auflegen zu lassen, aber er erzählt von einer tiefgreifenden Begegnung, die er hatte, als er nach Tulsa, Oklahoma kam, um Bruder Hagin predigen zu hören. Er hatte eine lebensverändernde Begegnung mit Gott durch die Predigt seines Wortes. Ähnlich wie Samuel in der Bibel Gott durch sein Wort begegnete (1. Samuel 3:21).

Menschen unterschätzen oft das Predigen des Wortes Gottes. Sie sind der Meinung, wir sollten es einfach überspringen und zum Gebet übergehen. In manchen Kirchen werden Altaraufrufe gemacht, um für die Kranken zu beten, bevor überhaupt gepredigt wurde. In Wirklichkeit ist die Verkündigung vom Wort Gottes das höchste Gut. Gott ehrt sein Wort höher als seinen Namen. Es ist ein drastisches Mittel der Übertragung für die Zuhörer. Wenn man Menschen beim Predigen zuhört, wird das, was sie sagen, vom Heiligen Geist gesalbt. Die Bibel sagt, dass der Glaube durch das Hören des Wortes Gottes kommt (Römer 10:17). Dein Leben wird durch den Glauben, den du in dir trägst, bestimmt werden. Glaube ist nicht nur ein religiöses Glaubenssystem. Glaube bedeutet nicht nur zu sagen: „Ich gehöre zu den Katholiken" oder „Ich bin Methodist". Glaube ist pure geistliche Kraft, eine Substanz, die dich zu einem Anführer im Leben macht.

Wenn man glaubt, werden durch den Glauben alle Dinge möglich. Und für den, der glaubt, ist alles möglich. Wie kann man dann seinen Glauben vergrößern? Du wirst in der Bibel keine Bibelstellen finden, in denen es um die Stärkung des Glaubens durch das Hören von Lobpreis- und Anbetungsmusik geht. Du kannst nicht beten: „Herr, vermehre meinen Glauben". Wenn du das tun würdest, wäre die Antwort, dass du das Mittel benutzen sollst, mit dem Gott dich angewiesen hat, Glauben zu produzieren - durch das Hören des Wortes Gottes.

Magalis, meine Mitarbeiterin bei Revival Today, hat im Grunde einen Master in Rundfunkwissenschaften gemacht, indem sie sich Online-Anleitungen angesehen hat, wie man unseren Radiosender von Grund auf aufbaut. Der Glaube ermöglicht Lösungen für Menschen, die ein Problem haben

- Lösungen für Menschen, in dessen Geist das Wort Gottes eingebaut ist, anstatt für jemand, der eher Gebet braucht. So kann man durch Predigten vom Wort Gottes selbst Zugang zur Kraft Gottes erhalten.

In der Woche, in der wir eine Spende von 1 Million Dollar erhielten, war das Thema Finanzen ständig in meinem Kopf. Als wir vor einigen Jahren mit unserem Dienst begannen, glaubten wir Gott für 3.000 Dollar pro Monat, um den Dienst und uns selbst versorgen zu können. Als der Dienst zu wachsen begann, stellte ich andere Leute ein, die sich um unsere Finanzen kümmerten. Danach war mir nicht mehr bewusst, wie schnell unser Dienst wuchs. Ein paar Wochen vor dem Eingang der 1-Million-Dollar-Spende traf ich mich mit dem Vorstand unseres Dienstes und stellte fest, dass wir in diesem Jahr 2,4 Millionen Dollar einnehmen mussten, um zum Kostendeckungspunkt für das Jahr zu kommen. Um das zu erreichen, rechnete ich vor, dass wir jede Woche 50.000 Dollar einnehmen müssten.

Früher hätte ich geschrien, wäre herumgesprungen und hätte jedem, den ich gesehen hätte, davon erzählt, dass in einer Woche 50.000 Dollar eingegangen sind. Heute würde ich einfach ohne Druck und Sorgen in die nächste Woche gehen. Doch zum damaligen Zeitpunkt begann unsere finanzielle Situation meine Gedanken zu belasten. Anstatt einfach nur besorgt herumzusitzen und mich zu fragen, wie das wohl passieren würde, beschloss ich, Gottes Wort in meinen Geist einzubauen. Ich wusste bereits eine Menge über Wohlstand; aber wenn ich finanziell auf eine andere Ebene kommen wollte, musste ich das, was Gottes Wort über Finanzen sagte, in meinen Geist einbauen. Gott sagte nicht zu Josua: „Studiere die Bibel eine Weile, behalte sie eine Weile vor Augen, und wenn du das Gefühl hast, dass du sie gut verstehst, hör auf zu studieren." Er sagte zu Josua, dass der Schlüssel zum Erfolg in allem darin liegt, das Wort Gottes immer vor Augen zu haben und jeden Tag und jede Nacht darüber zu meditieren (Josua 1:8)

Während meiner Zeit in Finnland konnte ich die Predigten von Dr. Fred Price zum Thema Wohlstand ergattern. Dr. Fred

Price baute das Crenshaw Friendship Christian Center, ein 30-Millionen-Dollar-Projekt, das in bar bezahlt wurde. Dr. Price war in der Lage, 30 Millionen Dollar in bar zu bezahlen, indem er Offenbarungen und die Kraft des Wortes Gottes predigte. Er half den Menschen zu ihrem Wohlstand. Ich hörte mir seine Predigten aus der Zeit an, als er sich für den Bau des Zentrums einsetzte, das Gott ihm aufgetragen hatte zu errichten. Die 30 Millionen kamen von seiner Kirche, die aus armen oder ehemals armen Menschen in den Innenstädten bestand, die aufgrund seiner Predigten zu Wohlstand gekommen waren. Ich habe das, was Dr. Fred Price gepredigt hat, in meinem Geist verankert. Zudem wusste ich, dass es kein Zufall war, dass wir am Ende der Woche die Million Dollar erhielten. Adalis und ich hatten das, was Dr. Fred Price gepredigt hatte, die ganze Woche über in unserem Geist verankert.

Wenn man im Leben auf Probleme stößt, ist das meist ein Hinweis darauf, dass man es versäumt hat, das Wort Gottes in seinem Leben stark zu verfestigen. In Psalm 91:4 heißt es: **„Er wird dich mit seinen Federn bedecken. Er wird dich mit seinen Flügeln beschützen. Seine treuen Verheißungen sind deine Rüstung und dein Schutz."** Man hat nicht einfach ein automatisches Schild des Glaubens. Dein Glaubensschild wird aufgebaut, indem du in bestimmten Bereichen in das Wort Gottes eintauchst. Man kann ein Meister in Sachen Wohlstand sein und nichts über Heilung wissen. Man kann nicht aufrichtig glauben, dass Gott souverän ist, und sich fragen, ob er will, dass man krank wird. Sonst hat dein Glaubensschild eine klaffende Lücke, durch die Krankheit kommen und gehen kann, wie sie will.

> „Wenn du diese Dinge den Brüdern und Schwestern erklärst, Timotheus, wirst du ein würdiger Diener Jesu sein, einer, der von der Botschaft des Glaubens und der guten Lehre, der du gefolgt bist, genährt wird. Verschwende keine Zeit damit, über gottlose Ideen und Klatschgeschichten zu streiten. Trainiere dich stattdessen gottesfürchtig zu sein. Körperliches Training ist gut, aber Training für Gottesfurcht ist viel besser und verspricht Vorteile in diesem und im zukünftigen Leben...

Lehre diese Dinge und bestehe darauf, dass jeder sie lernt. Lass nicht zu, dass jemand gering von dir denkt, weil du jung bist. Sei ein Beispiel für alle Gläubigen in dem, was du sagst, in der Art, wie du lebst, in deiner Liebe, deinem Glauben und deiner Reinheit. Bis ich komme, konzentriere dich darauf, der Gemeinde die Heilige Schrift vorzulesen, die Gläubigen zu ermutigen und sie zu lehren. Vernachlässige nicht die geistliche Gabe, die du durch die Prophezeiung erhalten hast, die über dich gesprochen wurde, als die Ältesten der Gemeinde dir die Hände aufgelegt haben. Schenke diesen Dingen deine ganze Aufmerksamkeit. Stürze dich in deine Aufgaben, damit jeder deinen Fortschritt sieht."

1. Timotheus 4:6-8, 11-15

In 1. Timotheus 4:15 heißt es in der englischen King-James-Übersetzung: „Denke über diese Dinge nach und beschäftige dich ganz mit ihnen, damit dein Nutzen für alle sichtbar wird." In diesem Abschnitt spricht Paulus davon, sich der Heiligen Schrift zu widmen und das Wort Gottes anzuwenden. Dann sagt er, dass dein Gelingen allen sichtbar sein wird. Das Wort Gottes wird eine Wirkung in deinem Leben haben, die andere Menschen sehen können. Was du durch das Wort Gottes in deinem Geist aufbaust, wird für alle sichtbar werden. Die Tatsache, dass du dich in einem hohen Maß an Gesundheit bewegst, wird für die Menschen offensichtlich werden und sie werden anfangen zu fragen, was dein Geheimnis ist. Wie kommt es, dass du immer bei Kräften bist? Wie kommt es, dass du nie müde bist? Die Menschen werden es bemerken; es ist ein Gewinn, der allen sichtbar wird.

In Römer 1:16 heißt es: „**Denn ich schäme mich dieser guten Nachricht über Christus nicht. Es ist die Kraft Gottes am Werk, die jeden rettet, der glaubt.**" Wenn jemand ständig krank ist, fehlt es ihm oder ihr an Wissen über das Thema Heilung. Die Bibel sagt, dass der Eintritt seiner Worte Licht gibt (Psalm 119:130). Es ist unmöglich, das Wort Gottes in irgendeinem Bereich in seinen Geist zu investieren, ohne ein offensichtliches Aufbrechen von übernatürlichem Licht zu erleben. Wenn du anfängst, die Offenbarung der göttlichen Heilung in deinen Geist einzubauen, wirst du einen Punkt erreichen, an dem dieses Licht aufbricht; Heilung beginnt sich zu manifestieren, nicht nur in deinem eigenen Körper, sondern auch in den Körpern der Menschen um dich herum.

In Hebräer 6:12 heißt es: „[Seid] **Nachfolger derer, die durch Glauben und Geduld die Verheißungen [Gottes] erben**" (aus dem englischen Bibeltext der KJV übersetzt). Ich fordere dich heraus, Menschen zu finden, die in dem Bereich, in dem du dich verbessern möchtest, Meister sind. Sei es Gesundheit, Finanzen, Freude, Frieden, oder anderes. Finde Menschen, die eine Salbung in diesem Bereich haben. Wenn du zum Beispiel depressiv bist, dann mach dir nicht einfach einen fröhlichen Film an oder geh nicht einfach etwas Lustiges unternehmen. Fange stattdessen an, Rodney Howard-Browne Tag und Nacht anzuhören. Höre dir seine Botschaften an, denn er verbreitet Freude. Es ist unmöglich, ihm zuzuhören und deprimiert zu bleiben. Das Wort Gottes über Freude wird in deinen Geist eindringen. Wenn es um Finanzen geht, hör dir Bischof Oyedepo und Pastor Adeboye an. Bischof Oyedepo und Pastor Adeboye sind wie ein Supermarkt, der alles anbietet, denn zusätzlich zu den Finanzen bieten sie einige der besten Predigten über Heilung, die ich je gehört habe.

Recherchiere und finde Menschen, die die Salbung auf ihrer Predigt tragen, in dem Bereichen, wo du wachsen willst." Hör dir T.L. Osborn für Heilung an. Suche nach Quellen über Heilung von Menschen, die eine starke Salbung haben. Diese Menschen haben eine solch mächtige Salbung aufgrund ihres Verständnisses des Wortes Gottes. Hör dir die Botschaften von Kenneth Hagin über Glauben und Wohlstand an. Alle von mir erwähnten Botschaften können leicht über YouTube abgerufen werden. Nutze meinen 24-Stunden-Radiosender, um deinen geistigen Menschen aufzubauen - dafür ist er da.

Nimm dir Zeit, um deinen geistigen Menschen aufzubauen, besonders wenn du weißt, dass du angegriffen wirst oder ein Problem hast. Ich nahm mir eine Woche Zeit und hörte mindestens zwei Stunden am Tag Dr. Fred Prices Offenbarungen über Wohlstand an. In dieser Woche habe ich auf übernatürliche Weise mehr empfangen als in der gesamten Geschichte unseres Dienstes. Es war ein Produkt des Einbauens vom Wort Gottes in meinen Geist, in dem Bereich, in dem ich einen Durchbruch sehen wollte. Baue Gottes Wort jeden Tag in deinen Geist ein, in welchem Bereich du auch immer Durchbruch sehen willst

Hier sind Bücher, die meiner Meinung nach jeder Christ lesen sollte und die die wichtigsten Bereiche des Lebens abdecken, in denen der Satan angreift:

1. *Die Autorität des Gläubigen* von Kenneth Hagin
2. *Krankenheilung* von T.L. Osborn
3. *Understanding Financial Prosperity* von Bischof David Oyedepo
4. *Exploits in Ministry* von Bischof David Oyedepo
5. *This Present Glory* von Dr. Rodney Howard-Browne
6. *Gifts and Ministries of the Holy Spirit* von Dr. Lester Sumrall

Je mehr du Glauben in deinem Geist aufbaust, desto mehr wirst du zu einer unaufhaltsamen Kraft auf dieser Erde. Das ist das Ziel, auf das du heute zusteuerst, in Jesu Namen.

Kapitel 5

Gottgefälligkeit

"Ach, wie froh sind die, die nicht dem Rat der Gottlosen folgen, nicht mit Sündern umhergehen und sich nicht mit Spöttern zusammentun. Sondern sie haben Freude am Gesetz des Herrn und denken Tag und Nacht darüber nach. Sie sind wie Bäume, die am Ufer des Flusses gepflanzt sind und zu jeder Jahreszeit Früchte tragen. Ihre Blätter verwelken nie, und alles, was sie tun, gelingt ihnen gut."

Psalm 1:1-3

Gottgefälligkeit sorgt für Größe. Gottgefälligkeit allein wird dich jedoch nicht wohlhabend machen. Alkohol zu meiden, keinen Ehebruch zu begehen und lediglich freundlich zu sein, bringt keine finanzielle Belohnung. Alle Grundsätze in diesem Buch müssen in deinem Leben aktiv sein.

Gottgefälligkeit ist die Plattform, auf der du stehst, damit Gott dich segnen kann. Wenn du auf der Plattform der Gottlosigkeit stehst, kann Gott dich nicht segnen. Wenn du auf der Plattform der Gottgefälligkeit stehst, kannst du nun gesegnet werden. Gottgefälligkeit allein wird dich nicht wohlhabend machen, aber du wirst an einem Ort stehen, an dem alle diese Prinzipien wirken können.

Gottlosigkeit garantiert hingegen, dass man das verdiente Geld nicht behalten wird. Ich könnte über verschiedene Musiker und Sportler schreiben, die als die reichsten Menschen der Welt gefeiert wurden, als ich jünger war, und jetzt bankrott sind. Wie kann ein Sportler in neun Jahren 169 Millionen Dollar verbraten? Ich sage es dir: indem er Unterhaltszahlungen für zehn Kinder an neun verschiedene Frauen leistet. Gottlosigkeit öffnet nicht nur die Tür zur Hölle, sie frisst auch das Geld auf. Ein heiliges Leben erlaubt es dir, den Reichtum zu behalten, der durch das entsteht, wozu Gott dich berufen hat. Es ermöglicht dir, in dem Segen Gottes zu handeln.

Wenn man ein sündiges Leben führt, ist das wie ein Korb mit Löchern. Man kann viel verdienen, aber das ganze Geld wandert aus dem Korb heraus. Wenn du so lebst, wie Gott es dir aufgetragen hat, hast du einen Korb ohne Löcher und kannst den Segen Gottes bewahren.

Weißt du, wie einfach es ist, dein Vermögen zu vermehren, wenn du es nicht alle paar Jahre nach einer Scheidung aufteilen oder einer Ex-Freundin geben musst, die dich auf jeden einzelnen Cent verklagt? Es ist unglaublich einfach, den Segen Gottes zu bewahren. Ich musste noch nie Geld für eine Kaution oder einen Anwalt für Alkohol am Steuer ausgeben. Ich musste nie Geld ausgeben, um meine Frau aus einer Entzugs-Klinik herauszuholen. Alles, was du tust, um einen weltlichen, gottlosen Lebensstil zu führen, kostet dich Geld. Wenn du so lebst, wie Gott dir aufgetragen hat zu leben, schaffst du dir einen Lebensstil, der deine Segnungen bewahrt.

„Deshalb sage ich: Lasst euch vom Heiligen Geist leiten. Dann werdet ihr nicht das tun, wonach eure sündige Natur verlangt. Die sündige Natur will das Böse tun, was genau das Gegenteil von dem ist, was der Geist will. Und der Geist gibt uns Wünsche, die das Gegenteil von dem sind, was die sündige Natur will. Diese beiden Kräfte kämpfen ständig gegeneinander, so dass ihr nicht frei seid, eure guten Absichten zu verwirklichen. Aber wenn ihr euch vom Geist leiten lasst, seid ihr nicht an das Gesetz Mose gebunden. Wenn ihr den Begierden eurer sündigen Natur folgt, sind die Ergebnisse sehr deutlich: sexuelle Unmoral, Unreinheit, lüsterne Vergnügungen, Götzendienst, Zauberei, Feindseligkeit, Streit, Eifersucht, Zornesausbrüche,

selbstsüchtiger Ehrgeiz, Zwietracht, Spaltung, Neid, Trunkenheit, wilde Feiern und andere Sünden wie diese. Ich sage euch abermals, wie ich es schon früher getan habe, dass jeder, der so lebt, das Reich Gottes nicht erben wird."

Galater 5:16-21

Gottgefälligkeit stellt die Übereinstimmung deines Verhaltens mit Gottes Geboten sicher

Du kannst nicht einfach darauf hoffen, dass Gott dich gottgefällig macht. Das liegt in deiner Verantwortung. Die Bibel sagt, dass du alles Böse, das in dir lauert, loswerden sollst (Kolosser 3:5). Gott hat dir die Kraft gegeben, sich darum zu kümmern.

Gottgefälligkeit bedeutet, persönliche Verantwortung dafür zu übernehmen, dass das eigene Verhalten mit Gottes Geboten übereinstimmt. Manche Menschen versuchen zu predigen, dass Gottgefälligkeit etwas vergeistigtes ist. Sie denken: „Weil ich mein Leben Jesus Christus übergeben habe, bin ich mit Gott im Reinen - unabhängig davon, was meine Taten zeigen." Nein, deine Taten beweisen, was in deinem Herzen ist. Man erkennt einen Baum an seinen Früchten, also erkennt man einen Menschen an seinen Taten (Matthäus 7:20). Wenn deine Handlungen unheilig sind und Gottlosigkeit ein Teil deines Lebensstils ist, hast du kein gottgefälliges Herz. Ein gottgefälliges Herz bringt keine Gottlosigkeit hervor.

In Johannes 15:5 sagt Jesus: **„Ja, ich bin der Weinstock, ihr seid die Reben."** Im darauffolgenden Vers heißt es, dass Reben, die keine Frucht bringen **„... auf einen Haufen gesammelt und verbrannt werden"** (Johannes 15:6). Man kann anfangs mit Christus verbunden sein, aber aufgrund eines gottlosen Verhaltens kann man abgeschnitten und ins Feuer geworfen werden. Nur ein Dummkopf würde errettet werden und sich dann nicht darum kümmern, wie er lebt.

„Versteht ihr nicht, dass bei einem Rennen alle rennen, aber nur einer den Preis bekommt? Also lauft, um zu gewinnen! Alle Sportler trainieren diszipliniert. Sie tun es, um einen Preis zu gewinnen, der vergehen wird, aber wir tun es für einen ewigen Preis. Deshalb laufe ich bei jedem Schritt mit Absicht. Ich betreibe nicht nur Schattenboxen. Ich diszipliniere meinen Körper wie ein Athlet und trainiere ihn, damit er tut, was er tun soll. Sonst fürchte ich, dass ich, nachdem ich anderen gepredigt habe, selbst disqualifiziert werden könnte."

1. Korinther 9:24-27

Weise Menschen machen sich jeden Tag Gedanken darüber, wie sie leben. Sie beten: „Herr, weise mich auf alles in mir hin, was dich beleidigt, damit ich es richtig mache." Behalte deinen Lebensstil genau im Auge. Ein Abfall kommt nie plötzlich, sondern ist ein langsames, stetiges Leck. Überprüfe dein Leben täglich und frage dich: Was lasse ich in meinem Leben zu? Was habe ich angefangen zu mir anzuschauen? Was habe ich angefangen mir anzuhören? Wohin bewege ich mich? Komme ich dem Plan Gottes näher oder entferne ich mich von ihm? Wenn du dich jeden Tag darum kümmerst, wirst du niemals abfallen oder den Himmel verpassen.

Ein böser Baum bringt böse Früchte hervor. Ein verfaulter Baum bringt verfaulte Früchte hervor. Wenn sich dein Herz verändert hat, wird der Beweis dafür in deinen Taten zu finden sein. Du musst die Verantwortung dafür übernehmen, dass dein Verhalten mit den Geboten Gottes übereinstimmt.

Gottgefälligkeit hat keinen Platz für Alkohol

Die Bibel sagt, dass kein Trunkenbold in das Himmelreich kommen wird (1. Korinther 6:10). Man mag darüber streiten, ob ein Bier in Ordnung ist, solange man sich nicht betrinkt. Aber willst du wirklich die Grenze überschreiten und am Tag des Jüngsten Gerichts herausfinden, ob Gott einen Rausch als betrunken ansieht?

Der Ansatz sollte nicht sein: „Jetzt kann ich leben, wie ich will, Gottes Gnade wird es schon decken." Galater 5:21 bezieht sich darauf, Alkohol zu vermeiden. Zur Erinnerung: Der Galaterbrief steht im Neuen Testament, nicht im Alten Testament. Paulus, der Verfasser der Botschaft der Gnade, schrieb den Galaterbrief. Er hatte kein schlechtes Verständnis von Gnade. Er schreibt diesen Brief an eine Gemeinde, der er bereits gepredigt hat. Dies ist kein öffentlicher Brief für irgendwelche Sünder, die gerade vorbeikommen. Er wurde an Christen geschrieben, an Menschen, die ihr Leben bereits dem Herrn übergeben hatten.

Leute behaupten, dass in der Bibel nirgendwo steht, dass man generell nicht trinken darf, sondern nur, dass man sich nicht betrinken soll. Das ist nicht wahr. Sowohl die Eltern von Simson als auch die von Johannes dem Täufer erhielten vom Himmel die besondere Anweisung, niemals Alkohol an die Lippen ihrer Söhne kommen zu lassen. Der Befehl lautete nicht: „Lass sie nicht betrunken werden." Der Befehl lautete, dass sie niemals Alkohol an ihre Lippen lassen sollten (Richter 13:4, 7, 14; Lukas 1:15). Und warum? Weil sie für ein besonderes Werk ausgesondert wurden, um vom Heiligen Geist gebraucht zu werden. Es gibt einen Unterschied zwischen dem Heiligen Geist und dem Geist des Alkohols, der wörtlich „Spirituose", also „Geister", genannt wird. Das allein sollte dir zeigen, dass du dich davon fern halten solltest.

Das Neue Testament sagt, dass man sich nicht mit Wein betrinken soll, welcher dein Leben ruinieren würde, sondern dass man sich mit dem Heiligen Geist füllen soll (Epheser 5:18). Beachte, dass es nicht heißt: „Trinke und werde mit dem Heiligen Geist erfüllt". Du musst eine Entscheidung treffen. Entweder wirst du ein Trinker sein oder jemand, der mit dem Heiligen Geist erfüllt ist und von ihm gebraucht wird. Gottgefälligkeit hat keinen Platz für Trunkenheit.

Ich habe erlebt, wie Kindheitsfreunde in der Kirche und Mitschüler in der Bibelschule der modernen Botschaft verfallen sind, dass es in Ordnung sei, zu trinken und sich mit ähnlichen Dingen zu beschäftigen. Und sie sind nicht weit gekommen im

Leben. Ich habe auch Freunde, die in den Dienst berufen wurden und zu trinken begannen. Sie versuchen seit drei Jahren, eine Gemeinde zu gründen, können aber nichts auf die Beine stellen. Nach einer gewissen Zeit sollte man eigentlich erwarten, dass die Menschen erkennen, dass Gottes Hand nicht auf dem liegt, was sie tun. Es ist, als ob Gott nicht möchte, dass sie ihren leichtsinnigen Glauben an andere Menschen weitergeben.

Ich habe nie einen Tropfen Alkohol getrunken. An meinem 21. Geburtstag habe ich in Massachusetts gepredigt. Ich mache keine dummen Sachen wie Partys zu feiern und die ganze Nacht zu trinken. Ich bin für Gott ausgesondert. Dein Leben muss von den Gottlosen getrennt und für Gott ausgesondert sein. Du kannst nicht alles tun, was die Leute in der Welt tun, und erwarten, dass du ein anderes Leben hast als sie. Sich für Gott auszusondern bedeutet, sich vom Alkohol zu trennen.

Ist es nicht erstaunlich, dass alle Erweckungen, die England, Wales und die Vereinigten Staaten überschwemmten, alle Bars schließen ließen? Das war eine natürliche Folge der Erweckungen. Wer sind diese unverantwortlichen Prediger, die den Menschen sagen, dass es in Ordnung ist, zu trinken? Das ist ein Dämon.

Göttlichkeit hat keinen Platz für wilde Partys

Ich spreche nicht davon, dass man keine Geburtstagsfeiern schmeißen darf, sondern von wilden Partys. Die Welt ist voll von ihnen - Miami, New York City, Los Angeles, Las Vegas. In jeder Stadt der Welt gibt es sie und werden in den Medien immer angepriesen. Paulus hat schon vor 2.000 Jahren davor gewarnt, es ist nichts Neues.

Man kann nicht an wilden Partys teilnehmen und gleichzeitig ein gottgefälliges Leben führen. Ich glaube, jeder, der dies liest, versteht, was wilde Partys mit sich bringen - Mädchen in aufreizender Kleidung, Männer, die ihre Kleider zu weit aufgeknöpft haben, Leute, die sich betrinken wollen, laute

Musik, die die Leute ermutigt, sich für die Nacht zu verabreden. Wilde Partys sind der Nährboden für sexuelle Unmoral.

Göttlichkeit hat keinen Platz für sexuelle Unmoral

Paulus sagte, dass kein sexuell unmoralischer Mensch in das Reich Gottes eingehen wird (1. Korinther 6:9). Was ist sexuelle Unmoral? Jeder Sex, ob homo- oder heterosexuell, außerhalb der Ehe. Da es laut Gott so etwas wie die Homo-Ehe nicht gibt, ist jede Homosexualität sexuelle Unmoral.

Wenn man mit jemandem zusammenlebt, schläft man auch mit ihm. Ich habe in einer Kirche gepredigt und ein Paar, die Mitte zwanzig waren, kamen danach auf mich zu, um zu reden. Sie sagten, sie hätten mich predigen hören, dass es falsch sei, mit jemandem des anderen Geschlechts zusammenzuleben, wenn man nicht verheiratet ist. Sie behaupteten, dass sie zwar zusammenleben, aber nicht miteinander schlafen würden, ist es also trotzdem falsch?

Daraufhin sagte ich: „Ich bin ein Diener des Evangeliums des Herrn Jesus Christus. Ich bin ein Diener Gottes. Wir stehen hier vor dem Altar Gottes. Ich werde dich das noch einmal sagen lassen und wenn es nicht wahr ist und ihr miteinander schlaft, werde ich dafür sorgen, dass Gott dich auf der Stelle erschlägt. Also los, sagt es noch einmal." Sie antworteten schnell: „Okay, wir schlafen manchmal miteinander." Natürlich taten sie das! Er hat kein Mädchen einziehen lassen, weil er eine Partnerin für Brettspiele brauchte!

Ich kann der modernen Generation nicht einmal einen Vorwurf machen. Nicht nur, dass ihre Eltern wahrscheinlich das Gleiche getan haben, sie haben ihren Kindern auch noch die Ehe schlecht geredet - sogar christliche Eltern! Sie sagen ihren Kindern: „Du musst vorsichtig sein. Du musst sicherstellen, dass du zuerst einen Master-Abschluss hast. Du musst eine gute Karriere haben, bevor du heiratest." Ist es dann wunderlich, dass Christen erst mit achtunddreißig Jahren heiraten? Genauso entscheiden sich viele dafür, keine Kinder zu haben, weil ihre

Eltern sie von dieser Idee abgeschreckt haben. Das alles hat damit zu tun, wie sehr die Ehe in Verruf geraten ist und beklagt wird!

Die Ehe ist nicht etwas, das das Leben beeinträchtigt. Die Ehe ist ein Vorteil für dein Leben! In Sprüche 18:22 heißt es: **„Wer eine Frau findet, findet etwas Gutes und erlangt Gunst vom Herrn"** (aus dem englischen Bibeltext der NKJV übersetzt.)

„Er findet eine gute Sache" - nicht einen Knüppel und eine Fußfessel.

„Er erlangt Gunst vom Herrn" - nicht Härte.

Gott hat die Ehe als eine Struktur geschaffen, die den Segen fördert. Man muss sich daran beteiligen, wenn man diesen Segen haben will. Meine Frau Adalis ist weder ein Nachteil in meinem Leben, noch ist sie ein Klotz am Bein. Sie ist ein Triebwerk, das Gott mir zur Seite gestellt hat, um mich zu meiner Bestimmung zu bringen. Mit ihr ist es viel besser als ohne sie.

Sexuelle Unmoral wird dir teuer zu stehen kommen; schau einfach nur eine beliebige Gerichtsshow an. Es geht ständig nur um Leute, die zusammengezogen sind oder miteinander geschlafen haben, und die Hälfte von ihnen weiß nicht, wer der Vater ihres Babys ist.

Du musst sexuell rein sein, wenn du einen gottgefälligen Lebensstil führen willst. Ich weiß, dass nicht jeder das Privileg hat, in einer Familie wie der meinen aufzuwachsen. Mein Vater ist ein Prediger und meine Mutter ist eine vom Heiligen Geist erfüllte Frau, die eine Bibelschule absolviert hat. Die erste Frau, mit der ich geschlafen habe, war meine Frau in unserer Hochzeitsnacht. Die Leute versuchen einem zu sagen, dass niemand mehr so lebt. Ich bin durch die High School gegangen, ohne jemanden zu küssen. Ich war auf einer Bibelschule und arbeitete in einem weltlichen Job, aber ich ging nie in eine Bar. Ich habe nie ein Mädchen abgeschleppt. Ich hatte nie eine Nacht, in der ich einen Fehler gemacht und mit jemandem geschlafen habe und dann Buße tun musste.

Du kannst ein heiliges Leben führen! Lass dir von keinem Teufel etwas anderes einreden. Es ist zwingend notwendig, dass du ein heiliges Leben führst, wenn du im Segen Gottes wandeln willst. Um ein heiliges Leben zu führen, müssen bestimmte Dinge aus deinem Leben entfernt werden: Alkohol, wilde Partys, sexuelle Unmoral und zuletzt Zornausbrüche.

Göttlichkeit hat keinen Patz für Zornausbrüche

Denk nur an all die Prominenten, die im letzten Jahr wegen eines Wutausbruchs ihr Einkommen verloren haben und ins Gefängnis mussten. Ein Football-Nationalspieler hat jemanden erschossen und wird für den Rest seines Lebens im Gefängnis sitzen. Er hat nicht nur Millionen von Dollar verloren, sondern auch die Freiheit. Niemand wird ihn wieder sehen.

Man muss seine Wut zügeln. So streng die Gesetze jetzt auch sind, man darf nicht einfach ausrasten und die Beherrschung verlieren. Wir sind hier nicht im „Wilden Westen", wo man sich mit jedem duellieren kann, der einen wütend macht. In einem Moment der Wut kann man alles verlieren, was Gott einem gegeben hat. Im Bruchteil einer Sekunde kann man jemanden schlagen, wegen Körperverletzung verhaftet werden, Hunderttausende von Dollar für Anwaltskosten ausgeben, um nicht ins Gefängnis zu müssen, möglicherweise Geld bei einer Einigung verlieren oder auch ins Gefängnis gehen - wo man kein Geld verdienen kann.

Vermeide Wutausbrüche. Wenn du ein Mann bist, dann betrachte ein aggressives Temperament nicht als Zeichen dafür, dass du ein Mann bist. Es bedeutet nicht, dass du ein Macho bist oder Testosteron hast. In Prediger 7:9 heißt es: **„Eilt nicht in eurem Geist zornig zu werden, denn der Zorn ruht im Schoß der Narren"** (aus dem englischen Bibeltext der NKJV übersetzt.) Die Leute prahlen tatsächlich mit etwas, das sie laut Bibel als Narr kennzeichnet

„Ich habe ein gewisses Temperament. Ihr wollt mich nicht wütend machen."
„Ich bin aus Irland, ich bin sehr reizbar."

„Ich bin Dominikanerin, ich bin ziemlich launisch."
„Ich bin Italiener, ich bin aufbrausend."
„Ich bin Puerto Ricaner; ich bin hitzköpfig."
Hör auf, alles auf deine Nationalität zu schieben.
Die Leute machen dasselbe, wenn es ums Trinken geht:
„Wir trinken, wir sind Iren."
„Wir trinken, wir sind Italiener."
„Wir trinken, wir sind Franzosen."
„Wir trinken, wir sind Australier."

Ich erhielt eine Einladung, in einem anderen Land zu predigen und wurde gebeten, nicht über Alkohol zu predigen, weil es Teil ihrer Kultur sei. Ich sagte: „Ja, im Gegensatz zu dem Land, in dem ich lebe - Amerika, wo niemand Alkohol anrührt..."
Hör auf, dein Verhalten auf Grund deiner Kultur zu rechtfertigen. Mach dir klar, dass Gott dir bei deiner Wiedergeburt die Kraft gegeben hat, dich über deine Kultur zu erheben und einen anderen Lebensstil als den der Welt zu leben.

Ein Leben mit unendlichem Wachstum

„Ach, wie froh sind die, die nicht dem Rat der Gottlosen folgen, nicht mit Sündern umhergehen und sich nicht mit Spöttern zusammentun. Sondern sie haben Freude am Gesetz des Herrn und denken Tag und Nacht darüber nach. Sie sind wie Bäume, die am Ufer des Flusses gepflanzt sind und zu jeder Jahreszeit Früchte tragen. Ihre Blätter verwelken nie, und alles, was sie tun, gelingt ihnen gut."

Psalm 1:1-3

Schauen wir uns diese Schriftstelle genauer an, um die drei Dinge zu erläutern, die ein gottgefälliges Leben ausmachen:

In jeder Jahreszeit Früchte tragen

Das bedeutet, dass es für einen gottgefälligen Menschen keine „schlechten Zeiten" gibt. Ich kann mich mit dem modernen charismatischen Christentum nicht anfreunden, wo jeder ständig auf seine Zeit oder „Season" wartet. Manchmal hört man Christen sagen: „Ich sage euch, dass für den Leib Christi eine Zeit der Vermehrung kommt." Ich weiß nicht, zu welchem Leib Christi du gehörst, aber wenn du zum eigentlichen Leib Christi gehörst und ein gottgefälliges Leben führst, dann gibt es nicht nur eine Zeit des Wachstums. Die Bibel sagt, dass es in jeder Jahreszeit Vermehrung und Früchte geben wird.

Die Blätter verwelken nie

Das bedeutet keine Rückschläge. Der letzte Rückschlag, den du erlebt hast, wird der letzte sein, den du jemals erleben wirst. Nichts darf deine Blätter zum Verwelken bringen. Nichts darf dich daran hindern, Früchte zu tragen. Jeder Angriff des Teufels, jede Verschwörung der Regierung, jeder Plan des Menschen oder Satans, alles, was dich arm hält oder dir deinen Reichtum nimmt, wird um deinetwillen niedergeschlagen werden.

In dieser Schriftstelle geht es auch um die körperliche Lebendigkeit. Wenn dein Körper anfängt zu verwelken, kannst du weder Reichtum produzieren noch dich an dem Reichtum erfreuen, den du produziert hast. Gott hat gesagt, dass du niemals verwelken wirst, dass du lebendig sein wirst und jeden Tag Frucht bringen wirst. Das ist dein Erbe. Deine Blätter werden nie verwelken. „**Güte und Barmherzigkeit werden mir folgen mein Leben lang, und ich werde bleiben im Hause des Herrn immerdar**" (Psalm 23:6; aus dem englischen Bibeltext der KJV übersetzt). Die Bibel sagt, wie deine Tage sein werden, so wird deine Kraft sein (5. Mose 33:25).

Wohlstand in allem, was du tust

Das bedeutet, dass alles, wozu der Herr dich führt, hat er getan, damit du Wohlstand bzw. Erfolg hast. Solange du das nicht in deinem Geist verinnerlicht hast, bist du anfällig für Misserfolge. Ich kann gar nicht mehr zählen, wie viele Pastoren, die kleine Gemeinden haben, sagen: „Ich bin wohl wie Jeremia. Er hatte während seines ganzes Dienstes keinen einzigen

Menschen bekehrt." Nein, du bist nicht Jeremia. Du bist mit dem Heiligen Geist erfüllt und stehst im Neuen Bund. In der Apostelgeschichte wirst du kein einziges Mal darauf stoßen, dass die Christen irgendwo hingehen mussten und niemand errettet wurde. Sie waren fruchtbar, sie waren erfolgreich in allem, was sie taten.

Gott hat dich nicht dazu gebracht, ein Unternehmen zu gründen, um deine Geduld auf die Probe zu stellen. Er hat dich in dieses Geschäft gesteckt, damit es dir gut geht. Den Gottesfürchtigen geht es in allem gut, was sie tun. Sie decken nicht nur ihre Kosten, sondern machen Profit. **„So spricht der Herr, dein Erlöser, der Heilige Israels: ‚Ich bin der Herr, dein Gott, der dich lehrt, Gewinn zu machen, der dich auf dem Weg führt, den du gehen sollst'"** (Jesaja 48:17; aus dem englischen Bibeltext der NKJV übersetzt).

Wenn du dich dafür entscheidest, ein gottgefälliges Leben zu führen, garantiert das ein Leben mit gottgefälligem Wachstum. Was ist, wenn du es bereits vermasselt hast? Was, wenn es schon zu spät ist? Was ist, wenn du bereits mit jemandem geschlafen hast? In 2. Korinther 5:17 heißt es: **„… dass jeder, der zu Christus gehört, ein neuer Mensch geworden ist. Das alte Leben ist vergangen; ein neues Leben hat begonnen!"** Gott führt niemals zur Stagnation, er führt zum Wohlstand. Gottgefälligkeit sorgt dafür, dass du diesen Wohlstand genießen wirst.

> „Aber Gottes Wahrheit steht fest wie ein Fundament mit dieser Inschrift: ‚Der Herr kennt die Seinen' und ‚Alle, die dem Herrn gehören, müssen sich vom Bösen abwenden'. In einem wohlhabenden Haus gibt es Utensilien aus Gold und Silber, andere sind aus Holz und Ton gefertigt. Die teuren Gegenstände werden für besondere Anlässe verwendet, die billigen für den täglichen Gebrauch. Wenn du dich selbst rein hältst, wirst du ein besonderes Utensil für einen ehrbaren Gebrauch sein. Dein Leben wird rein sein, und du wirst für den Meister bereit sein, dich für jedes gute Werk zu benutzen. Fliehe vor allem, was jugendliche Begierden anregt. Strebe stattdessen nach einem rechtschaffenen Leben,

nach Treue, Liebe und Frieden. Genieße die Gemeinschaft derer, die den Herrn mit reinem Herzen anrufen."

2. Timotheus 2:19-22

Wie lebt man in Übereinstimmung mit dieser Bibelstelle? Man tut es, indem man die Gesellschaft derer genießt, die den Herrn mit reinem Herzen anrufen. Man wird niemals ein gottgefälliges Leben führen, wenn die fünf engsten Freunde lauwarme Christen sind. Trenne dich von gottlosen und lauwarmen Menschen und genieße die Gesellschaft derer, die mit dir im gleichen Joch sind und nach Gerechtigkeit streben.

Du kannst nicht mit Gott vorankommen, wenn du dich mit Leuten herumtreibst, die zufrieden sind mit dem, wo sie sind, oder, die der Welt nachlaufen. Es muss eine Abgrenzung in deinem Leben geben.

Wenn du dich rein hältst, wirst du zu einem besonderen Werkzeug in Gottes Schublade, das für ein besonderes Werk bestimmt ist. Wenn ihr Zuhause miteinander isst, benutzt deine Mutter eventuell die Plastikteller oder die üblichen Teller. Wenn die Freunde deiner Eltern zu Besuch kommen, benutzt sie die guten Teller und Bestecke. Und dann gibt es noch das Porzellankabinett, in dem die Teller stehen, die für die hohen Besuch reserviert sind. Es enthält feines Geschirr, Gabeln, eine Teekanne und ein Tee-set. Diese Art von Schrank befand sich im Haus meiner Eltern als ich aufwuchs und keines der Stücke wurde jemals herausgeholt. Sie waren für ein besonderes Ereignis bestimmt. Sie wurden nie als würdig für den allgemeinen Gebrauch angesehen.

Wusstest du, dass Gott eine solche Schublade hat? Gott hat eine besondere Schublade für besondere Utensilien, die für ein besonderes Werk bestimmt sind. Wenn du hervorgehoben werden willst, hoch über alle Nationen der Welt, dann fängt es damit an, dass du dich von der Gottlosigkeit trennst und ein rechtschaffenes Leben führst. Wenn du das tust, ist sichergestellt, dass Gott dich für ein besonderes Werk aussondern wird. Das ist kein Zufall, das ist garantiert.

Die erste Anweisung lautet, alles zu meiden, was jugendliche Begierden anregt (2. Timotheus 2:19). In deiner Jugend hast du die Wahl, ob du mit jemandem schläfst und tust, was alle anderen tun, oder ob du den jugendlichen Begierden entfliehst und ein Leben führst, das für Gott ausgesondert ist.

Schau dir das Leben von Josef an. Josef hätte seine ganze Bestimmung wegwerfen können, indem er mit Potiphars Frau geschlafen hätte. Als sie ihn anflehte, mit ihr zu schlafen, war seine Antwort nicht einfach: „Nein, du bist verheiratet. Lass dich erst scheiden." Er sagte: **„Wie könnte ich so etwas Böses tun? Es wäre eine große Sünde gegen Gott"** (1. Mose 39:9).

Josef hat sich für Gott ausgesondert. Er weigerte sich, den Bund zu brechen. Danach sah es so aus, als würde er nirgendwo mehr hingehen. Tatsächlich wurde Josef ins Gefängnis geworfen, nachdem er diese Entscheidung getroffen hatte. Später jedoch führte seine Entscheidung, rein und rechtschaffen zu leben, dazu, dass er der Premierminister der größten Nation der Welt wurde.

Erlaube diesem Kapitel nicht, ein Verurteilungskapitel zu sein. Nutze es, um dich heute dazu zu entschließen, mit der Sünde Schluss zu machen. Verabschiede dich von den Vergnügungen der Sünde und dem weltlichen Leben. Erinnere dich daran, dass Gott nicht gesagt hat: „Wenn du weit von mir entfernt bist, dann denke nicht daran, zurückzukommen!" Er sagte: **„... kehre zu mir zurück, und ich werde zu dir zurückkehren"** (Sacharja 1:3). Gib dich Gott ganz hin und verpflichte dich, dieses Versprechen von diesem Tag an einzuhalten. Die gleiche göttliche Entscheidung gilt heute auch für dich, im Namen von Jesus Christus. Ich erkläre dich als ausgesondert für ein besonderes Werk, indem du dich von allem trennst, was dich in die Sünde führen und aus dem Willen Gottes herausbringen würde. Wenn du heute zu Gott zurückkehrst, kehrt Gott zu dir zurück. Mach es zu deinem Gelübde, nicht nur zu einem Versuch. Mach dein Leben zu einer unsterblichen Verpflichtung heilig zu leben und du wirst die Kraft Gottes in deinem Leben manifestiert sehen. Du wirst für deine Generation ausgesondert werden.

Kapitel 6

Geben

> „...‚Ihr habt mich um den Zehnten und die Opfergaben betrogen, die mir zustehen. Ihr steht unter einem Fluch, denn das gesamte Volk hat mich betrogen. Bringt alle Zehnten in das Vorratshaus, damit es in meinem Tempel genug zu essen gibt. Wenn ihr das tut', sagt der Herr der Heere des Himmels, ‚werde ich euch die Fenster des Himmels öffnen. Ich werde einen so großen Segen ausschütten, dass ihr nicht genug Platz habt, um ihn aufzunehmen! Versucht es! Stellt mich auf die Probe! Eure Ernten werden reichlich sein, denn ich werde sie vor Insekten und Krankheiten schützen. Deine Trauben werden nicht vom Weinstock fallen, bevor sie reif sind', sagt der Herr der Heere des Himmels. ‚Dann werden dich alle Völker gesegnet nennen, denn dein Land wird so herrlich sein', spricht der Herr der Heere des Himmels'"
>
> Maleachi 3:8-12

Manche behaupten, der Zehnte gehöre zum Alten Bund und würde daher nicht für uns heute gelten. Aber den Zehnten gab es schon, bevor das Gesetz überhaupt geschaffen wurde. Abraham gab den Zehnten vor dem Gesetz und Abraham wiederum existierte vor Mose. **„Welches Leid erwartet euch, ihr Lehrer des religiösen Gesetzes und ihr Pharisäer! Ihr Heuchler! Denn ihr achtet darauf, den Zehnten zu geben, auch wenn es nur der kleinste Ertrag aus euren Kräutergärten ist, aber ihr vernachlässigt die wichtigeren Dinge des Gesetzes - Gerechtigkeit, Barmherzigkeit und Glauben. Ja, ihr sollt den**

Zehnten geben, aber vernachlässigt nicht die wichtigeren Dinge" (Matthäus 23:23).

Beachte, dass dort steht: „Ihr sollt den Zehnten geben, ja." Was in der ursprünglichen Sprache genau das bedeutet: „Ihr sollt den Zehnten geben, ja." Der Zehnte war nicht nur Teil des Gesetzes oder des Alten Bundes. Jesus brachte ihn in den Neuen Bund ein. Abraham gab den Zehnten bevor es ein Gesetz oder einen Alten Bund gab. Kain und Abel brachten Gott zu Beginn von 1. Mose ebenso Opfer dar wie Adam und Eva. Die Bibel sagt, dass niemand ohne eine Gabe vor Gott treten soll (5. Mose 16:16). Ich weiß, dass dies für viele Christen wie eine fremde Religion klingen mag, da ihre Pastoren ihnen sagten: „Fühlt euch nicht gezwungen zu geben. Ihr müsst heute Morgen nicht geben. Wenn du zum ersten Mal kommst, lass den Opferkorb einfach an dir vorbeigehen." Sie entschuldigen sich ständig für die Opfergaben. Das ist der Grund, warum die Kirchen im Großen und Ganzen keine Ressourcen haben. Sie brauchen fünfundzwanzig Jahre, um etwas zu tun, was ein weltliches Unternehmen in acht bis zehn Monaten erledigen kann.

Wenn du dich gegen eine Lehre stellst, wirst du nie in den Genuss des Segens dieser kommen. Ebenso wird sich jede Lehre, zu der du stehst, in deinem Leben manifestieren. Ich habe mich immer für die göttliche Heilung ausgesprochen und sie hat sich immer für mich erwiesen. Als ich in den Anfängen meines Dienstes darüber predigte, regte sich die Gemeindeleitung auf, sie schrien und machten deutlich, dass sie mich nie wieder einladen würden. Meine Familie hat sich immer bester Gesundheit erfreut, weil ich immer auf die Verheißung der göttlichen Heilung gesetzt habe.

Das letzte Mal, dass ich einen Arzt aufsuchte, war, als ich in die Demokratische Republik Kongo reisen musste, um zu predigen. Ich war nicht krank. Ich bin seit langer, langer Zeit von keinem Menschen mehr wegen einer Krankheit behandelt worden. Vor der Reise in die Demokratische Republik Kongo habe ich mich untersuchen lassen, weil ich in der High School Eishockey gespielt habe. Davor ging ich als Kind zum Arzt, wenn meine Mutter und mein Vater mich hinbrachten und ich kein Mitspracherecht hatte.

Genauso habe ich mich immer für das Geben eingesetzt. In der Bibel wird das Geben 50 Prozent häufiger erwähnt als die Heilung. Trotzdem wollen Prediger nicht über das Geben sprechen, und wenn sie es tun, stürmen die Christen hinaus. Als ich bei einem meiner Gottesdienst über das Geben sprach, stürmte ein Mann hinaus und schrie meine Frau an: „Das ist lächerlich!" Ich wünschte, ich könnte sagen, dass seine Reaktion ungewöhnlich war.

Was viele nicht erkennen, ist, dass das Letzte, was der Teufel will, ist, dass die Gläubigen reich sind. Menschen, die reich sind, haben die Möglichkeit, Politik und Gesetzgebung zu beeinflussen. Sie bestimmen, wer Land besitzt. Solange der Teufel seine Leute reich halten kann, werden sie weiterhin großen Einfluss haben. Kirchen müssen dann an Orten gebaut werden, die nur mit einem Kompass und einem indischen Reiseführer zu finden sind. Ohne Geld ist es unmöglich, ein gutes Grundstück im Zentrum einer belebten Stadt zu haben. Wenn die einzige Möglichkeit für Kirchen, Geld zu bekommen, die Aufnahme von Krediten ist, werden der Teufel und seine Leute sich weiterhin an uns bereichern, da das Ausleihen von den Bösen unsere einzige Option wäre.

Ich glaube fest und von ganzem Herzen, dass Gott eine neue Generation von Gläubigen erwecken wird, die nicht arm sein wird. Sie werden in dem Wohlstand der Erlösung leben, für den Jesus bezahlt hat. Jesus hat am Kreuz einen zu hohen Preis bezahlt, als dass wir arm sein könnten. **„Ihr kennt die großzügige Gnade unseres Herrn Jesus Christus. Er war zwar reich, aber um euretwillen ist er arm geworden, damit er euch durch seine Armut reich macht."** (2. Korinther 8:9).

Jesus ist nicht gekommen, um einfach nur deine Bedürfnisse zu befriedigen. Er kam, um dich reich zu machen. Ein Teil dessen, was Christus in der Erlösung getan hat, bestand darin, dich wohlhabend zu machen. Gott möchte, dass du im Reichtum lebst. Etwa 2.000 Bibelstellen befassen sich mit Reichtum, Verwalterschaft und Gottes Segen für deine Finanzen. Gott wünscht sich das für dich! Es gibt jedoch Grundsätze, die man beachten muss, um in den Genuss dieses Reichtums zu kommen - und das Geben ist einer davon.

Als ein Mann in einer Kirche 1,1 Millionen Dollar in den Opferkorb legte, öffnete sich ein Fenster des Himmels über unserem Dienst. Es hätte sonst zehn Jahre gedauert, bis wir es erhalten hätten. Das Geld kam in einer Nacht von einer einzigen Gemeinde und es war keine riesige oder berühmte Gemeinde. Es war eine kürzlich gegründete Kirche, die von Gott gesegnet wurde und weiterhin gesegnet wird.

Wenn Gott die Fenster des Himmels über deinem Leben öffnet, können weder die Regierung noch die wirtschaftliche Rezession ein Hindernis sein. Wenn sich die Fenster des Himmels über deinem Leben öffnen, verliert die Erde ihre Macht, dich arm zu halten. Ich möchte, dass du verstehst, dass es zwei Seiten der Medaille im Bereich des Gebens gibt. Auf der einen Seite gibt es Kirchen, die gar nichts geben. Auf der anderen Seite gibt es Kirchen, die das Geben zu Tode prügeln. Diese Kirchen nehmen jeden Sonntag drei oder vier Opfergaben entgegen: Baufonds, Sonntagsschule, Segnung des Pastors und die Liste geht weiter und weiter. Sie predigen, als sei das Geben der einzige Schlüssel zum Segen. Es ist zwar ein Prinzip, aber es ist nur eine der vielen Arten des Gebens, die ich in diesem Kapitel vorstellen werde.

Es gibt eine Vielzahl von Sportarten, die unter dem Oberbegriff Sport im Allgemeinen zusammengefasst sind. Jede Sportart hat ihr eigenen Regeln. Genauso gibt es in der Bibel verschiedene Arten des Gebens. Es gibt sieben Arten des Gebens in der Bibel. Ich möchte, dass du sie verstehst, weil du ohne Verständnis keine Ergebnisse erzielen kannst.

Wenn du dir diese Arten des Gebens durchliest, wirst du feststellen, dass du nur drei von ihnen getan hast. Tu sie alle! Wenn du das tust, wirst du feststellen, dass mit dem Geben ein echter Segen verbunden ist, genauso wie es einen echten Fluch gibt, wenn man Gott vorenthält, was ihm zusteht. Gott hat nicht gesagt: „Gebt mir zurück und ich werde nicht mehr zornig sein." Er sagte: „Wenn ihr mir den Zehnten und das Opfer gebt, werdet ihr sehen, ob ich nicht die Fenster des Himmels öffne und einen Segen über euch ausschütte, der so groß ist, dass ihr nicht genug Platz habt, um alles aufzunehmen." Das klingt für mich nach einem guten Angebot!

Im Folgenden sind die sieben Arten des Gebens aufgeführt, die jeder Gläubige praktizieren sollte: Zehnter, Opfergabe, Erstlingsgabe, Almosen, Aufopferungsvolles Geben, einen Mann Gottes ehren und Partnerschaft mit einem Reisedienst.

Der Zehnte

„‚Bringt den ganzen Zehnten in das Vorratshaus, damit es in meinem Tempel genug zu essen gibt. Wenn ihr das tut', sagt der Herr der Heere des Himmels, ‚werde ich euch die Fenster des Himmels öffnen. Ich werde einen so großen Segen ausschütten, dass ihr nicht genug Platz habt, um ihn aufzunehmen! Versucht es! Stellt mich auf die Probe!'"

Maleachi 3:10

Der Zehnte ist 10% deines Bruttoeinkommens - nicht dein Nettoeinkommen oder das, was nach dem Bezahlen deiner Rechnungen übrig bleibt. Der Zehnte entspricht 10 % des Gesamtbetrags. Es ist nicht nur etwas, das man Gott gibt; es gehört Gott. Wenn man es zurückhält, stiehlt man von Gott. Es ist eine Sünde, nicht den Zehnten zu geben. Ein Nicht-Zehnter-Geber kann niemals gesegnet werden. Wenn du denkst, du seist zu schlau, um den Zehnten zu geben, dann bist du eigentlich zu dumm, um erfolgreich zu sein. Du musst dich entscheiden, ob du lieber 90 % deines Einkommens gesegnet oder 100 % verflucht haben willst. Die Leute sagen, sie könnten es sich nicht leisten, den Zehnten zu geben, aber in Wirklichkeit kann man es sich nicht leisten, nicht den Zehnten zu geben. Irgendwo wirst du deinen Zehnten bezahlen. Entweder du bringst deinen Zehnten mit Freude zum Herrn oder du wirst ihn sozusagen mit Zinsen irgendwo anders bezahlen.

Bei Leuten, die nicht den Zehnten geben, geht immer etwas schief. Bei meiner Familie ist das nicht der Fall, alles in unserem Haus hält lange. Die Teile an unseren Fahrzeugen halten lange. Bei uns gehen nicht ständig Dinge kaputt und fressen unser Geld auf. Und warum? Weil Gott gesagt hat, dass ein Teil des Segens für den Zehnten darin besteht, dass er den Fresser um deinetwillen zurückhält. Er wird nicht zulassen, dass die Dinge dein Geld auffressen. Dieser Grundsatz gilt auch für deine Gesundheit. Wenn du für Behandlungen und Krankenhausrechnungen aufkommen musst, kann deine Gesundheit dein Geld auffressen. Ich glaube, dass der Zehnte einen Schutzschild bildet, der den Teufel daran hindert, deinen Körper anzugreifen.

Die Bibel sagt, dass derjenige, der in den kleinen Dingen untreu ist, in allem untreu sein wird (Lukas 16:10). Wenn man Gott bei etwas so Einfachem wie dem, ihm einen Cent von jedem Dollar zu geben, den er einem gibt, nicht folgen kann, wird man nie erfolgreich sein. Betrachte es so: 100 % jedes Dollars, den du verdienst, gehört Gott und er verlangt nur 10 %. Ohne Gott gibt es keinen Gehaltsscheck. Nicht nur alles, was du verdienst, kommt von Gott, sondern auch die Hand, die den Scheck ausstellt, das Auge, das den Scheck ansieht, und das Gehirn, das die 10 % Zehnte berechnet. Gott verlangt nur 10 % davon zurück. Wenn du es gibst, öffnet er die Fenster des Himmels über deinem Leben.

Einmal war ich auf einem Podium mit einigen Dienern Gottes, die sagten, wenn man 1.500 Dollar verdiene, solle man den Zehnten auf 200 Dollar aufrunden. Man kann den Zehnten nicht aufrunden, er ist ein fester Betrag von 10 %. Das ist nicht so schwer, es ist ein fester Betrag. Gott hat es gesagt, man kann es nicht ändern. Man kann den Zehnten nicht verdoppeln. Man kann den Zehnten nicht umkehren. Der Zehnte gehört dem Herrn und der Zehnte beträgt 10 %. Wenn du 7% gibst, kannst du genauso gut null geben. Wenn Gott dir sagt, du sollst eine Arche bauen, und du baust ein Kanu, dann wirst du ertrinken. Man kann den Zehnten nicht herunterhandeln. Ich bin schockiert, wie viele Prediger jede Art von Geben unter dem Zehnten zusammenfassen. Es gibt Regeln für bestimmte Sportarten, die in anderen Sportarten nicht funktionieren. Wenn man versucht, Football nach den Regeln von Baseball zu spielen, wird man vom Feld geworfen.

Opfergaben

> „Denkt daran: Ein Bauer, der nur ein paar Samen sät, wird eine kleine Ernte einfahren. Aber derjenige, der großzügig sät, wird eine reiche Ernte einfahren. Jeder von euch muss in seinem Herzen entscheiden, wie viel er geben will. Und gebt nicht widerwillig oder auf Druck hin. Denn Gott liebt den, der fröhlich gibt. Und Gott wird euch großzügig mit allem versorgen, was ihr braucht. So werdet ihr immer alles haben, was ihr braucht, und viel übrig haben, um mit anderen zu teilen."
>
> 2. Korinther 9:6-8

Die meisten Menschen fassen alle ihre Spenden unter dem Begriff „Zehnten" zusammen. Man hört Leute sagen, dass sie 20 % als Zehnten geben. Man kann nicht 20 % geben. „Zehnter" bedeutet „Zehntel". Die Leute sagen, sie würden den Zehnten umdrehen, indem sie 10 % behalten und 90 % an Gott geben. Nein, man kann nur 10 % als Zehnten geben. Aber das Geben hört nicht beim Zehnten auf, man muss mehr als den Zehnten geben, wie es in Maleachi heißt: Ihr habt mich um den Zehnten und die Opfergaben betrogen. Der Zehnte ist ein fester, von Gott festgelegter Betrag. Die Opfergabe hingegen bestimmt man selbst.

Was ist eine Opfergabe? Eine Opfergabe ist das, was man über den Zehnten hinaus zur Ehre Gottes gibt. Man muss verschiedene Faktoren berücksichtigen, wenn man entscheidet, wie viel man geben soll. Das ganze Buch Maleachi hat damit zu tun, die Menschen zu tadeln, weil sie nicht geben. Geben ist für Gott eindeutig wichtig. Man soll aus Liebe geben. Man gibt nicht, weil ein Dienst einen Spendenmarathon veranstaltet und sagt, dass nur noch sieben Minuten für die passende Challenge übrig sind. Gib nicht widerwillig oder als Reaktion auf Druck, sondern mit Freude.

> „Ihr habt mich verachtet, indem ihr auf meinem Altar verunreinigte Schlachtopfer dargebracht habt. Dann fragt ihr: ‚Wie haben wir die Opfer verunreinigt?' ‚Ihr verunreinigt sie, indem ihr sagt, der Altar des Herrn verdiene keinen Respekt. Ist es nicht unrecht, wenn man blinde Tiere als Opfer darbringt? Und ist es nicht falsch, verkrüppelte und kranke Tiere zu opfern? Versucht einmal, eurem Statthalter solche Geschenke zu machen, und seht, wie er sich darüber freut', sagt der Herr der Heere des Himmels. Bittet Gott, dass er euch gnädig ist! Aber wenn du ihm solche Gaben bringst, warum sollte er dir dann überhaupt eine Gunst erweisen?', fragt der Herr der Heere des Himmels. Ich wünschte, einer von euch würde die Tempeltüren schließen, damit diese wertlosen Opfer nicht dargebracht werden können! Ich habe keinen Gefallen an euch', sagt der Herr der Heerscharen des Himmels, ‚und ich werde eure Opfer nicht annehmen.'"
>
> Maleachi 1:7-10

Gott nimmt nicht jede Gabe an. Viele arme Menschen im Leib Christi geben jedes Opfer, aber sie haben noch nie ein Opfer gegeben, das Gott angenommen hat. In Maleachi bittet Gott sie, die Türen des Tempels zu schließen, damit er sich den Müll, den sie ihm bringen, nicht ansehen muss (das ist meine Übersetzung). Was die Menschen Gott brachten, ärgerte ihn tatsächlich. Er nahm es nicht nur nicht an, er war auch wütend! Gott sagte, wenn ihr jemandem das bringen würdet, was ihr mir zu bringen versucht, würden die Menschen zornig werden.

Glaubst du, wenn du lose Cent-Münzen in den Opferkorb wirfst, wird das Gott bewegen? Mit diesem Betrag könnte man nicht einmal bei McDonald's etwas kaufen. Als ich fünf Jahre alt war, habe ich nicht einmal Kleingeld in den Opferkorb geworfen. Ich verlangte von dem Erwachsenen, mit dem ich im Gottesdienst war, dass er mir mindestens einen Dollarschein gab, den ich geben könnte. In der Kirche ist es inzwischen üblich, dass die Leute 38 Cent einwerfen oder in ihrem Portemonnaie nach ein paar Cents und Groschen suchen. Sie werfen es in den Opferkasten, geben Gott ihren Müll und erwarten dafür seinen Schatz. Gott hat gesagt, dass die Opfergabe etwas sein muss, das es wert ist, dass du ihm die Ehre gibst. Wenn es dich nicht berührt, wird es auch Gott nicht berühren. Die Opfergabe sollte dein Herz repräsentieren.

Erinnere dich daran, dass die Opfergabe nicht nur im Alten Testament vorkommt. Im Neuen Testament (Markus 12:41-44; Lukas 21:1-4) stand Jesus am Schatzhaus im Tempel und beobachtete, was jeder spendete. Als alle mit dem Geben fertig waren, antwortete Jesus in meinen Worten: „Von euch Witzfiguren, die ihr heute gegeben habt, war diese Frau die einzige, die etwas gegeben hat, das von Bedeutung war. Ihr alle habt einen winzigen Teil eures Überschusses gegeben, aber sie hat alles gegeben, was sie hatte."

Alle haben an diesem Tag gegeben, aber Gott hat sich nicht um deren Gaben gekümmert. Man hört die Leute sagen: „Es ist in Ordnung, zu geben, auch wenn man nur zwei Cent gibt, wie die Frau mit den zwei Scherflein." Nein! Niemand in Amerika oder Deutschland hat nur zwei Cent zu geben. Es ist lächerlich, so zu lehren. Diese zwei Groschen waren alles, was sie hatte. Als sie alles, was sie hatte, in die Opfergabe legte, wurde Gott zum Handeln veranlasst.

Bruder Schambach erzählt von einer A. A. Allen-Versammlung, bei der ein Junge von 26 Krankheiten auf einmal geheilt wurde. Das war in der Mitte des 20. Jahrhunderts. Der Junge war zwei Jahre alt. Er war auf beiden Augen blind, auf beiden Ohren taub und konnte nicht sprechen. In seinem Körper hatten sich keine männlichen Teile gebildet und die Knochen seiner beiden Beine waren deformiert. Er empfing Heilung! Es war ein unglaubliches Wunder, aber die meisten kennen die Geschichte nicht, die sich vor dem Wunder ereignete. Die Mutter des Jungen hatte 20 Dollar gespart, um nach der Versammlung mit dem Bus nach Hause zu fahren. An diesem Abend sprach der Herr zu ihr, sie solle die 20 Dollar in die Opfergabe legen, und so hatte sie keine Möglichkeit mehr, nach Hause zu kommen. Es war eine Evangelisation mit Tausenden und Bruder Allen hatte keine Ahnung, wer diese Frau war oder was sie getan hatte. Nachdem sie ihr Geld in den Opferkasten gelegt hatte, sagte Bruder Allen: „Ich sehe jemanden im Geiste, der mit dem Bus aus Tennessee angereist ist. Du hast einen Sohn mit 26 Krankheiten. Bring den Jungen herauf." Sie brachte ihren Sohn auf die Bühne und er wurde geheilt!

Aber das war nur der erste Teil des Wunders. Die Menschen waren so begeistert von der Heilung, dass sie der Frau ein Opfer brachten. Die Leute kamen und überschütteten sie mit Geld. Sie ging mit mehreren hundert Dollar nach Hause. Es war ein doppeltes Wunder, das durch ein echtes Glaubensopfer ausgelöst wurde.

Ich kann eine Opfergabe nennen, die bei mir alles verändert hat. Das war, bevor ich verheiratet war. Ich ging in eine Kirche in Virginia Beach in Virginia, um Bruder Schambach sprechen zu hören. In letzter Minute konnte er nicht kommen und ein anderer bekannter Redner sprang ein. Er war als Wohlstandsprediger bekannt. Auf der Bibelschule hatte man mich gelehrt, dass Wohlstand vom Teufel sei und dass Prediger, die Wohlstand lehren, nur versuchen, an dein Geld zu kommen. Deshalb war ich zunächst verärgert, dass er der Ersatzredner war.

Mein Körper war körperlich gesund, also war ich offen dafür, etwas über Heilung zu hören. Auf der anderen Seite war ich pleite und wollte nichts über Wohlstand hören. Ich wusste, dass diese geistlichen Experten im Einsammeln von Spenden waren, und ich dachte, sie wüssten, wie sie die Menschen zum Geben manipulieren konnten. Ich beschloss, dass er mich nicht manipulieren würde, sondern dass ich meine Brieftasche unter dem Vordersitz meines Autos lassen würde. Selbst wenn er mich erfolgreich manipulieren würde und ich mich gezwungen fühlte zu spenden, wäre mein Portemonnaie im Auto. Ich könnte sagen: „Ups! Tut mir leid, Herr. Die Brieftasche ist in meinem Auto. Ich wollte wirklich geben, aber ich möchte den Gottesdienst nicht stören."

Der Redner predigte dann anderthalb Stunden lang. Er verwendete unzählige Bibelstellen, viele davon hatte ich noch nie gehört. Es ist schon komisch, wie Leute, die nicht an Wohlstand glauben, einen blind machen für die riesige Menge an Bibelstellen, die davon sprechen, dass Gott seine Kinder finanziell und materiell bereichert. Auch wenn ich damals lehrmäßig nicht auf dem richtigen Weg war, hielt ich das Wort Gottes über alles andere. Wenn man es mir in der Bibel zeigen kann, dann werde ich meinen eigenen Standpunkt ändern, um mit dem übereinzustimmen, was die Bibel sagt. In dieser Nacht wurde mir klar, dass Wohlstand der Wille Gottes ist. Geben ist ein Hauptweg zu diesem Wohlstand.

Als sie an diesem Abend die Opfergabe entgegennahmen, spürte ich, wie der Herr mich aufforderte, alles zu geben, was ich hatte. Ich ging hinaus und holte meine Brieftasche unter meinem Sitz hervor. Ich nahm meine Bankkarte heraus und füllte einen Spendenumschlag aus. Damals wusste ich nicht einmal, wie viel Geld ich auf der Bank hatte. Damals habe ich nie auf meinen Kontostand geschaut, weil es zu schmerzhaft war.

Der Betrag war immer so niedrig, dass ich deprimiert war. Ich erinnerte mich daran, dass ich mindestens 72 Dollar auf der Bank hatte. Ich schrieb eine Opfergabe über 72 Dollar und gab alles. Ich hatte kein Geld mehr auf meinem Girokonto. Ich hatte auch kein Sparkonto. Mein ganzes Geld war weg. Ich hatte keine Kreditkarten zur Absicherung. Ich war PLEITE. Ich würde erst in zehn Tagen mein Geld bekommen, also dachte ich mir, ich mache einfach eine 10-tägige Fastenkur. Es ist sehr einfach zu fasten, wenn man kein Geld hat, um sich Essen zu kaufen. Selbst wenn du merkst, dass dein Magen knurrt, kannst du nichts dagegen tun, es sei denn, du raubst Burger King aus.

Ich arbeitete damals für einen Dienst, der mir ein Standardhonorar gab. Ich hatte ein festes Gehalt. Selbst wenn sich eine Gelegenheit zum Predigen ergab, ging das Geld an den Dienst. Zu dieser Zeit gab es für mich wirklich keine

Möglichkeit, mehr Geld zu bekommen. Als ich mich vom Altar aus umdrehte, um zu meinem Platz zurückzugehen, hielt mich eine Frau im Gang an. Sie fragte: „Wie kann ich Ihnen etwas geben?" Ich antwortete: „Wer, ich? Ich habe mit diesem Dienst, der heute Abend hier stattfindet, nichts zu tun." Sie sagte: „Nein, der Herr hat zu mir gesprochen, ich soll Ihnen etwas geben." Ich begann, ihr den Namen des Dienstes zu nennen, für den ich arbeitete, und sie unterbrach mich und sagte: „Nein. Gott sagte mir: ‚Gib nicht seinem Dienst, gib ihm.'"

Das hatte ich in meinem Leben noch nie gehört. Die Leute sagten mir immer das Gegenteil: „Das ist nicht für Sie, das ist für den Dienst." Ich ging der Sache nach und fragte die Frau: „Sind Sie sicher? Ist Ihnen klar, dass Sie dafür keine Quittung vom Finanzamt bekommen? Keine Steuergutschrift." Sie sagte: „Ich will keine Steuergutschrift. Ich möchte gehorsam sein gegenüber dem, was der Herr mir gesagt hat." Ich willigte ein und gab ihr meinen Namen. Sie stellte den Scheck aus und reichte ihn mir. Ich faltete ihn in der Hälfte und steckte ihn in meine Bibel.

Als ich zu meinem Platz zurückkehrte, war ich sehr gespannt auf den Betrag, der auf dem Scheck stand. Egal, wie hoch der Betrag war, ich würde es damit schon schaffen. Wenn es sich um 10 Dollar handelte, konnte ich an diesem Abend zumindest ein McDonald's-Menü kaufen. Dann könnte ich drei Tage warten und mir ein weiteres günstiges Essen holen, in Abständen bis zu meinem nächsten Gehaltsscheck. Davon könnte ich leben. Ich klappte ihn auf und sah einen Scheck über 1.000 Dollar. Es war der erste Scheck über 1.000 Dollar, den ich je erhalten hatte. Am nächsten Morgen ging ich schamlos zur Bank und löste den Scheck ein. Ich war nicht mehr völlig pleite, sondern lief mit zehn 100-Dollar-Scheinen im Portemonnaie und einem breiten Grinsen im Gesicht herum.

Ich erkannte, dass Gott nicht versuchte, Geld von mir zu nehmen, als er zu mir sprach, ich solle für die Opfergabe geben. Er wollte mir Geld zukommen lassen. Bevor Gott dir das Geld gibt, musst du geben. **„Gebt und ihr werdet empfangen. Eure Gabe wird in Fülle zu euch zurückkommen -**

gestopft, zusammengeschüttelt, um Platz für mehr zu schaffen, überfließend und in euren Schoß gegossen. Der Betrag, den du gibst, bestimmt den Betrag, den du zurückbekommst" (Lukas 6:38).

Die meisten Menschen haben noch nie ein Opfer gegeben, das Gott bewegt. Die meisten Prediger, die zu einer Konferenz gehen, werden an diesem Abend weniger Geld in den Opferkorb stecken, als sie danach in ein Restaurant ausgeben würden. Sie haben große Bäuche und kleine Bankkonten. Sie legen Wert auf ihr eigenes Leben, ihr Essen und ihr Haus, aber sie haben nie die gleiche Priorität auf Gottes Haus gelegt. Deshalb bleiben sie auf einem niedrigen Niveau.

Seit diesem Gottesdienst in Virginia Beach habe ich festgestellt, dass es ein Test ist, wenn man Gott bei seinen Opfergaben an die erste Stelle setzt. Er selbst braucht es nicht. Er hat mit gold gepflasterte Straßen und Zäune aus Jaspis, Onyx und Perlen. Braucht er meine 72 Dollar? Nein, Gott wird mein Geld nie brauchen. Ich bin es, der ein offenes Fenster des Himmels über meinem Leben braucht, welches durch das Geben des Zehnten und des Opfers aktiviert wird.

Erstlingsgabe

„Wenn du in das Land kommst, das der Herr, dein Gott, dir als besonderen Besitz gibt, und du es erobert und dich dort niedergelassen hast, dann lege von jeder Ernte etwas in einen Korb und bringe es an den Ort, den der Herr, dein Gott, bestimmt hat, damit sein Name geehrt wird. Geh zu dem Priester, der zu dieser Zeit das Amt hat, und sage zu ihm: Mit dieser Gabe erkenne ich dem Herrn, deinem Gott, an, dass ich das Land betreten habe, von dem er unseren Vorfahren geschworen hat, dass er es uns geben würde. Der Priester wird dir den Korb von der Hand nehmen und ihn vor den Altar des HERRN, deines Gottes, stellen. Dann sollst du vor dem Herrn, deinem Gott, sagen: Mein Vorfahre Jakob war ein wandernder Aramäer, der als Ausländer nach Ägypten zog. Seine Familie kam mit wenigen Leuten an, aber in Ägypten wurde sie zu einem großen und mächtigen Volk."

5. Mose 26:1-5

Die verschiedenen Arten des Gebens, die wir hier ansprechen werden, richten sich an unterschiedliche Einrichtungen - an die Kirche, an einen Dienst und sogar an einen Menschen. Es ist ein biblischer Grundsatz, nicht nur Gott zu ehren, sondern auch die Menschen Gottes zu ehren. Das Erstlingsopfer soll dem Priester gebracht werden.

In den meisten Fällen wird das Geben der Erstlingsfrüchte in der Lehre der westlichen Kirche ausgelassen. Wenn ein Pastor über dieses Prinzip lehrt, würden die meisten ihn kritisieren und sagen: „Seht euch diesen Kerl an, der eine ganze Predigt vorbereitet hat, nur um uns zu sagen, dass wir ihn mit Gaben ehren sollen!" Viele Menschen werden nicht erfahren, was die Bibel sagt, weil die Prediger Angst davor haben, was die Leute von ihnen denken werden. Wann immer ich in Gemeinden predige, lege ich Wert darauf, über diese Grundsätze zu predigen. Dabei habe ich die Erfahrung gemacht, dass die Pastoren mir im Nachhinein immer dankbar sind.

Liebe Prediger, macht euch keine Sorgen darüber, was die Leute denken werden, denn es ist zu ihrem Nutzen, nicht zu eurem eigenen. Die Menschen brauchen biblische Lehre. Das Erstlingsopfer kann dem Priester oder einem Diener Gottes gebracht werden - es wird einem Mann Gottes gegeben, um ihn zu segnen. Was genau ist also ein Erstlingsopfer? Nehmen wir an, du verdienst in deinem Job 3.000 Dollar im Monat und bekommst eine Gehaltserhöhung von 400 Dollar im Monat. Im ersten Monat, in dem du deinen Scheck über 3.400 Dollar erhältst, nimmst du die zusätzlichen 400 Dollar (von denen du nicht gelebt hast) und bringst sie einem Diener, um Gott zu zeigen, dass du weißt, dass die Erhöhung von ihm kommt. Indem du anerkennst, dass der Zuwachs von Gott kommt, stellst du dich selbst für weiteren Zuwachs zur Verfügung.

> „Ehrt den Herrn mit eurem Reichtum und mit dem Besten von Allem, was ihr produziert. Dann wird er deine Scheunen mit Getreide füllen, und deine Fässer werden mit gutem Wein überfließen."
>
> Sprüche 3:9-10

Du musst nicht jeden Monat 400 Dollar für den Rest deines Lebens spenden - gib das Geld einfach im ersten Monat. Anstatt es zu verschlingen, sagst du: „Vater, ich weiß, dass ich von 3.000 Dollar im Monat gelebt habe, aber wegen dir habe ich nun diese zusätzlichen 400 Dollar, also gehen die ersten 400 Dollar zurück an dich." Die erste Frucht ist nicht für die Kirche, sondern, um einen Diener Gottes zu segnen. Bring deine erste Frucht zu einem echten Diener Gottes und verberge sie nicht. Gib es nicht deinem Sohn, der auf der Bibelschule ist, damit er seinen Studienkredit bezahlen kann. Es ist unerlässlich, den Samen loszulassen. Meine Frau und ich geben den Zehnten weder an unseren eigenen Dienst noch an unsere Mitarbeiter. Wir geben den Zehnten an unsere Kirche, denn dorthin gehört unser Zehnter. In gleicher Weise gibt unser Dienst den Zehnten an andere Dienste ab.

Wenn du deine Erstlingsgabe abgibst, wird Gott dafür sorgen, dass es nicht das letzte Mal war, dass du eine Gehaltserhöhung erhältst. Von diesem Zeitpunkt an wirst du viele Erstlingsgaben bringen können, weil du Gott ehrst. Du zeigst Gott, dass du verstehst, dass es nicht deine eigenen Hände sind, die dir Reichtum bringen, sondern dass er es ist, der dich in dieses Land bringt.

Almosen

> „Wer den Armen gibt, dem wird es an nichts fehlen; wer aber die Augen vor der Armut verschließt, der wird verflucht werden."
>
> Sprüche 28:27

In der englischen King James Bibelübersetzung wird das Geben an die Armen oft als Almosengabe bezeichnet. Jesus bezieht sich auf diese Art des Gebens in Matthäus 6:3, wenn er sagt: „Wenn du aber einem Bedürftigen etwas gibst, so soll deine linke Hand nicht wissen, was deine rechte tut." Es ist nicht falsch, in der Öffentlichkeit zu geben, um anderen ein Beispiel zu sein. David erzählte dem Volk in 1. Chronik 29, was er dem Herrn gab, und Barnabas gab den Aposteln in Apostelgeschichte 4 das Geld aus dem Verkauf seines Landes. Es ist das Geben an die Armen, das die Bibel anweist, nicht öffentlich zu tun. Er tadelte die Pharisäer und Sadduzäer dafür, dass sie auf der Straße Trompeten blasen, wenn sie an die Armen geben. Wenn du den Armen etwas gibst, tu es diskret, um die Würde der Person zu schützen, der du hilfst. Lass niemanden eine Videokamera mitbringen und es für deinen YouTube-Kanal aufnehmen. Bewahre stattdessen die Würde der Person und hilf ihr im Verborgenen.

„Oh, wie glücklich sind die, die freundlich zu den Armen sind! Der Herr rettet sie, wenn sie in Not sind. Der Herr beschützt sie und erhält sie am Leben. Er gibt ihnen Wohlstand im Land und rettet sie vor ihren Feinden. Der Herr pflegt sie, wenn sie krank sind, und macht sie wieder gesund."

Psalm 41:2-3

Wenn du den Armen gibst, wird der Herr...

1. dich retten, wenn du in Not bist
2. dich beschützen
3. dich am Leben halten
4. dir Wohlstand im Land schenken
5. dich vor deinen Feinden retten
6. dich pflegen, wenn du krank bist
7. dich wieder gesund machen

Das Geben an die Armen hat mein Leben verändert. Als ich die Armut in Indien zum ersten Mal sah, tätigte ich einen Anruf in die USA und machte ein Versprechen, 40 Kinder pro Monat in Übersee zu ernähren. Ich hatte noch nie zuvor echte Armut gesehen und ich spürte, dass der Herr mich anwies, etwas dagegen zu tun. 40 Kinder im Monat zu ernähren war damals eine große Sache, denn es entsprach der Monatsmiete für unsere Wohnung. Nachdem ich aus Indien zurückgekehrt war, erhielten wir allein in einer Gemeinde fast 92.000 Dollar an Opfergaben. Der höchste Betrag, den diese Gemeinde zuvor für einen Gastredner gesammelt hatte, betrug 5.000 Dollar! Dieses Ereignis bewies mir, dass Gott sich um diejenigen kümmert, die den Armen geben.

Als wir unsere Spenden auf 80 Kinder pro Monat erhöhten, floss das Geld weiter. Dann, im Januar 2015, erhöhten wir auf 200 Kinder pro Monat. Danach erhielten wir 180.000 USD von einer Kirche, in der zuvor 5.500 USD der größte Betrag war, der einem Gastredner gegeben wurde. Unsere nächste Erhöhung war auf 400 Kinder, und derzeit ernähren wir 800 Kinder pro Tag durch unseren Dienst.

Der siebenfache Segen ist mächtig! Er ist ein allumfassender Segen für die Hilfe an die Armen. Wenn ich von Hilfe für die Armen spreche, dann meine ich damit eine gezielte Aktion des Gebens. Wenn du ein Partner unseres Dienstes bist, tust du das bereits jeden Monat. Eine einmalige Spende von 5 Dollar an einen Obdachlosen auf der Straße reicht nicht aus, um den siebenfachen Segen zu erhalten. Es bedarf einer gezielten Maßnahme, deine Ressourcen zu nehmen und damit den Mittellosen zu helfen.

Ich möchte dich ermutigen, den Menschen in anderen Ländern zu helfen. Das Armutsniveau ist in Zentralafrika oder Indien, wo es keinen Zugang zu Lebensmitteln gibt, ganz anders. Anders als in Amerika, wo die Kinder oft arm sind, weil ihre Eltern ihr ganzes Geld für Drogen ausgeben. In Amerika hat man Zugang zu Ressourcen. In anderen Ländern gibt es Kinder, die zu nichts Zugang haben. Gott hat versprochen, dass er dein Leben in allen Bereichen segnen wird, wenn du etwas dagegen tust.

Aufopferungsvolles Geben

Was ist aufopferungsvolles Geben? Eine Aufopferung bedeutet nicht nur, dass man sein Bestes gibt, sondern dass man über sein Bestes hinausgeht. Abraham ist ein Beispiel für einen Mann, der über sein Bestes hinaus gab. Als Abraham Isaak dem Herrn als Opfer darbrachte, war das nicht sein Bestes. Sein Sohn war mehr als sein Bestes. Als Gott Jesus sandte, gab er nicht sein Bestes. Er gab mehr als das. Gott gab der Menschheit seinen einzigen Sohn, um geopfert zu werden. Schau dir die Ernte an, die daraus entstand! Auch heute noch werden Söhne und Töchter in das Reich Gottes geführt.

Oft ist es eine Aufopferung, wenn Gott dich bittet, alles zu geben. In meinen Zwanzigern habe ich zwei Mal mein Bankkonto leer geräumt und alles dem Herrn gegeben. Wenn du auf die Stimme des Herrn hörst, wird es in deinem Leben als Christ eine Zeit geben, in der Gott dich bittet, eine aufopfernde Gabe darzubringen. Wenn der Herr es dir aufs Herz legt, wirst du das Gefühl nicht verleugnen können.

Im Dezember 2015 reiste ich nach Nigeria, um an der Shiloh-Konferenz von Bischof Oyedepo teilzunehmen. Auf der Konferenz wurde eine Opfergabe eingesammelt, auf die sich die Menschen das ganze Jahr über vorbereitet hatten. Sie wurden angewiesen, ein Opfer zu bringen, das wirklich etwas Wertvolles darstellte. Als ich dort stand, sah ich Menschen mit Tränen in den Augen, die ihre Umschläge zu Gott erhoben. Man konnte sehen, dass sie nicht nur ihr Bestes gaben, sondern mehr als ihr Bestes.

Als ich dort stand, hasste ich es, dass ich nichts zu geben hatte. Ich hatte Dinge zu Hause in den USA, aber nichts, worauf ich zugreifen konnte. Am Geldautomaten konnte man nur ein paar Nairas abheben, und der Umrechnungskurs betrug 312 Nairas für 1 USD. Ich konnte höchstens etwa 80 USD abheben. Kreditkartenunternehmen sind in Nigeria nicht aktiv, weil es dort so viel Bankbetrug gibt - das war also keine Option. Ich konnte nicht guten Gewissens 80 Dollar in die Höhe halten, als wäre es ein riesiges Geschenk, das mir Tränen in die Augen trieb.

Als ich darüber nachdachte, wie schrecklich ich mich fühlte, blickte ich auf mein linkes Handgelenk und sah die Rolex-Uhr, die mir jemand geschenkt hatte. Ich mochte schon immer Uhren, und sie war der wertvollste persönliche Besitz, den ich hatte. Als ich das letzte Mal nachsah, war sie 14.100 Dollar wert. Sobald mein Blick auf diese Uhr fiel, wusste ich, dass dies das Opfer war, das ich an diesem Tag bringen sollte. Als ich Bischof Oyedepo später an diesem Tag sah, drückte ich sie ihm in die Hand und sagte: „Das ist von mir für dich, frohe Weihnachten". Ich habe es ihm als Opfergabe gegeben. Das tat weh, glaub mir, ich habe es gespürt. Ich gab das Wertvollste weg, was ich besaß. Etwas mehr als einen Monat später schenkte mir jemand eine Breitling-Uhr in limitierter Auflage. Von dieser Art wurden nur 2.000 Stück hergestellt und sie ist mehr wert als die Uhr, die ich weggegeben habe. Ich weiß, dass dieser Gewinn durch mein Opfer ausgelöst wurde.

Ich behaupte nicht, dass das Verschenken meiner Uhr gleichzusetzen ist mit Abrahams Opferung von Isaak oder Gottes Opfer von Jesus. Zu der Zeit war sie einfach das Wertvollste, was ich zu geben hatte. Ich mochte diese Uhr, sie bedeutete mir etwas. Als der Herr seinen Finger auf sie legte, gab ich sie her. Außerdem löste sie das überflussreichste Jahr aus, das wir in der Geschichte unseres Dienstes hatten. Aufopferung bedeutet nicht, dass man sein Bestes gibt, sondern dass man mehr als sein Bestes gibt.

In Matthäus 26 gab die Frau mit dem Alabasterkrug aufopferungsvoll. Der Krug, den sie zerbrach, hatte einen Wert von mehr als einem Jahreslohn. Sie weinte, als sie ihn Jesus darbrachte. Hast du beim Opfern sozusagen keine Tränen in den Augen, dann ist es keine aufopfernde Gabe. Ich möchte dich herausfordern, noch vor deinem Lebensende, ein Opfer zu bringen, das dir Tränen in die Augen treibt. „Wo dein Schatz ist, da werden auch die Wünsche deines Herzens sein" (Matthäus 6:21).

Einen Mann Gottes ehren

„(Die wohlhabende Frau) sagte zu ihrem Mann: ‚Ich bin sicher, dass dieser Mann, der von Zeit zu Zeit vorbeikommt, ein heiliger Mann Gottes ist. Lass uns für ihn ein kleines Zimmer auf dem Dach bauen und es mit einem Bett, einem Tisch, einem Stuhl und einer Lampe ausstatten. Dann hat er eine Bleibe, wann immer er vorbeikommt.'"

2 Könige 4:9-10

Die Shunammitin und ihr Mann bauten und richteten ein Zimmer für Elisa ein. Das Zimmer hatte einen eigenen Eingang und Ausgang, so dass Elisa, wenn er vorbeikam, einen Platz zum Ausruhen und Lernen hatte. Als die Shunammitin Elisa als Mann Gottes ehrte, wollte er sie segnen. Elisa sagte seinem Diener, er soll sie fragen, was sie benötigt. Obwohl die Shunammitin sagte, sie brauche nichts, bemerkte Elisas Diener, dass sie keine Kinder hatte. Elisa rief sie zurück und sagte:

„...Nächstes Jahr um diese Zeit wirst du einen Sohn in den Armen halten" (2. Könige 4:16). Und tatsächlich hielt sie im darauffolgenden Jahr um diese Zeit einen Sohn in den Armen.

Einen Mann Gottes zu ehren, löst einen Segen aus, den man mit Geld nicht kaufen kann. Wenn du es zu deiner Aufgabe machst, Männer Gottes zu segnen, wird Gott dafür sorgen, dass er dich segnet. Als Bruder Kenneth Hagin noch lebte, gab es einen Pastor, der es sich zur Aufgabe machte, ihm jedes Mal, wenn er ihn sah, ein großes Opfer zu geben. Innerhalb von 30 Tagen bekam der Pastor immer einen großen Betrag in seine Hand zurück.

Einen Mann Gottes zu ehren, ist ein Konzept, das in der westlichen Welt verloren gegangen ist. Die Bibel lehrt, Männer Gottes zu ehren. Ich habe es mir zur Aufgabe gemacht, die größte Quelle des Segens für meinen Pastor zu sein. Wenn ich herausfinde, dass jemand etwas Nettes für ihn getan hat, versuche ich, etwas noch Netteres zu tun. Egoistisch gesehen weiß ich, dass Gott mich ehren wird, wenn ich Männer Gottes ehre.

Dr. Rodney Howard-Browne erzählt die folgende Geschichte öffentlich über mich, andernfalls würde ich sie persönlich nicht teilen. Einmal fand ich heraus, wo er predigte und buchte für ihn und seine Frau das schönste Hotel der Stadt für eine Woche. Er sagte, dass das in all den Jahren seines Dienstes noch nie jemand getan hätte. Ich habe das getan, um einen Mann Gottes zu ehren. Wenn ich so handle, ehrt Gott mich immer. Was du für andere tust, lässt Gott für dich geschehen.

Viele Menschen, beispielsweise in Amerika, vernachlässigen den Grundsatz, einen Mann Gottes zu ehren. Am Pastoren-Anerkennungstag schenken Gemeinden mit 500 Mitgliedern ihrem Pastor einen Geschenkgutschein für ein Möbelgeschäft im Wert von 100 Dollar. Das verärgert Gott! Als ich einmal nach einer Predigt in einer Kirche den Parkplatz verließ, bemerkte ich, dass der Pastor Probleme hatte, sein Auto zu starten. Ich dachte, ich könnte ihn nach Hause fahren und einen Abschleppwagen rufen. Schließlich bekam er die alte Karre zum Laufen. Alle anderen waren schon weg, und ich war der Einzige, der darauf wartete, dass sein Auto ansprang. Ich spürte, wie der Herr zu mir sprach: „Das ist der Grund, warum diese Leute nicht gesegnet sind." Obwohl ich mein Bestes tat, um in der Gemeinde zu dienen, hatte ich dort keinen Durchbruch erlebt. Es war, als ob Gott kein Interesse an einer Erweckung in der Gemeinde hatte. Gott sagte: „Solange sie nicht lernen, ihren Pastor zu ehren, werde ich sie nicht ehren." Du solltest den Pastor, den Gott in dein Leben gestellt hat, so behandeln, wie du Jesus behandeln würdest.

> „Und der König wird sagen: ,Ich sage euch die Wahrheit: Was ihr für einen meiner geringsten Brüder und Schwestern getan habt, das habt ihr auch mir getan!'"
>
> Matthäus 25:40

Ich möchte dir ein ermutigendes Beispiel dafür geben, wie man einen Mann Gottes ehren kann. Wenn ich zum Predigen verreiste, wohnte ich oft bei Menschen zu Hause. Als ich zum ersten Mal in Montreal in Kanada, predigte, wohnte ich bei einem Ehepaar und ihren beiden Kindern. Der Name der Frau war Angie. Sie behandelte mich, als ob ich ein ausländischer Botschafter wäre. Ich könnte im Weißen Haus nicht besser behandelt werden! Sie war Italienerin und machte jeden Morgen ein Fünf-Gänge-Frühstück und jeden Abend ein Fünf-Gänge-Abendessen. Ich hielt eine Predigt bei einem Jugendtreffen, ging danach mit der Jugendgruppe aus und kam erst um ein oder zwei Uhr nachts zurück. Nach meiner Rückkehr erwartete ich einfach ins Bett zu fallen, aber Angie hatte bereits ein großes Essen für mich vorbereitet. Sie kaufte mir einen Anzug, ein Hemd und eine Krawatte. Ich sagte ihr, dass ich noch nie so gastfreundlich behandelt worden war. Sie antwortete: „In der Bibel steht, dass man Diener Gottes empfangen soll, als wären sie Jesus, also behandle ich dich so, wie ich Jesus behandeln würde, wenn er bei mir zu Hause wäre." Ihre Antwort und Großzügigkeit hat mich umgehauen!

Auch wenn dein Pastor kein weltverändernder, planetenerschütternder Diener ist, hat Gott gesagt: Was ihr dem Geringsten getan habt, das habt ihr mir getan. Ehre ihn, als würdest du Jesus ehren; und die Gegenleistung kommt nicht von deinem Pastor, die Gegenleistung kommt von Gott.

Partnerschaft mit einem Reisedienst

Die Menschen glauben, dass Jesus auf der Erde magisch gewirkt hat, aber das hat er nicht. Hast du dich jemals gefragt, wie Jesus seine Rechnungen bezahlt hat?

„Bald darauf machte sich Jesus auf den Weg in die umliegenden Städte und Dörfer, um die frohe Botschaft vom Reich Gottes zu verkünden. Er nahm seine zwölf Jünger mit sich und auch einige Frauen, die von bösen Geistern und Krankheiten geheilt worden waren. Unter ihnen waren Maria Magdalena, von der er sieben Dämonen ausgetrieben hatte, Johanna, die Frau des Chusas, des Geschäftsführers des Herodes, Susanna und viele andere, die von ihren eigenen Mitteln zur Unterstützung Jesu und seiner Jünger beitrugen."

Lukas 8:1-3

Jesus war auf einer Predigt-Tour. Es gab Frauen, die es sich zur Aufgabe machten, Jesus zu finanzieren, indem sie weiterhin aus ihren eigenen Mitteln einen Beitrag leisteten. In Philipper 4 spricht Paulus davon, dass die Gemeinde in Philippi die einzige war, die sich finanziell an seinem Dienst beteiligte. Aus diesem Grund erklärte Paulus, dass die Gemeinde in Philippi an der Gnade teilhatte, die auf seinem Dienst lag. Die Gemeinde in Philippi machte es sich zur Aufgabe, Paulus auf seinen Reisen finanzielle Gaben zukommen zu lassen. Derselbe Gott, der für alle Bedürfnisse des Paulus gesorgt hatte, würde auch für alle ihre Bedürfnisse durch seinem Reichtum in Herrlichkeit sorgen.

In vergleichbarer Weise hatte die Shunammitin Anteil an der Gnade Elisas, denn er war ein reisender Diener Gottes. Sie machte es sich zur Aufgabe, dafür zu sorgen, dass Elisa gut versorgt war. Erstens sorgte sie dafür, dass er zu essen hatte. Zweitens sorgte sie dafür, dass er eine Bleibe hatte. Dadurch wurden die folgenden vier Segnungen für sie ausgelöst:

1. Gott schenkte ihr einen Sohn. Was man mit Geld nicht kaufen konnte, wurde ihr geschenkt.
2. Als der Sohn starb, machte es sich Elisa zur persönlichen Aufgabe, den Tod zurechtzuweisen und ihren Sohn wieder zum Leben zu erwecken.
3. Elisa informierte die Frau über eine Hungersnot, die über das Land kommen sollte.
4. Nachdem die Hungersnot vorbei war, benutzte Gott Elisa und seinen Diener, um der Frau ihren Besitz und den Wert aller in ihrer Abwesenheit geernteten Feldfrüchte zurückzugeben.

Die Partnerschaft mit einem Reisedienst setzt nach dem Wort Gottes allen persönlichen und geschäftlichen Verlusten ein Ende (2. Könige 4; Philipper 4:11-19). Gott stellt sicher, dass du das Privileg hast, göttliche Weisungen zu erhalten, so dass du niemals rückwärts gehst - er führt dich vorwärts.

> „So spricht der Herr, dein Erlöser, der Heilige Israels: ‚Ich bin der HERR, dein Gott, der dich lehrt, Profit zu machen, der dich führt auf dem Weg, den du gehen sollst.'"
>
> Jesaja 48:17
> (Aus dem englischen Bibeltext der NKJV übersetzt)

Gott möchte, dass es dir gut geht, damit du in der Lage bist, Dienste zu unterstützen und mit ihnen zusammenzuarbeiten. Wenn ein wirtschaftlicher Abschwung bevorsteht, wird Gott dich darauf aufmerksam machen, damit du dem voraus sein kannst. Von diesem Tag an wird Gott die Fenster des Himmels über deinem Leben öffnen, sogar schon in jungen Jahren. Ich hoffe, es gibt 16-, 17- und 18-Jährige, die dieses Buch lesen. Ich bin mir sicher, dass Leute bereits versuchen, dich davon zu überzeugen, wie wichtig ein guter Bonitätsstatus ist. Sie raten dir, dir eine Kreditkarte zu besorgen, um eine gute Bonität aufzubauen und Kredite zu bekommen.

Nein, in der Bibel steht, dass du vielen Menschen etwas leihen wirst und niemals von jemandem etwas borgen wirst. Wenn du diese Prinzipien anwendest, wirst du alles, was du tust, problemlos bar bezahlen können. So wie Adalis und ich es in unserem Leben und in unserem Dienst tun. Das ist der Segen, der heute über dein Leben kommen wird, in Jesu Namen.

Kapitel 7

Göttliche Führung

„…Ich bin der HERR, dein Gott, der dich lehrt, Profit zu machen, der dich führt auf dem Weg, den du gehen sollst.'"
Jesaja 48:17
(Aus dem englischen Bibeltext der NKJV übersetzt)

Als Gott uns von einem negativen Kontostand zu einem Millionenkonto brachte, tat er das während einer Zeit des Durchbruchs. Natürlich hat der Durchbruch, wie alles bei Gott, nie aufgehört - er ging einfach weiter. Durchbruch ist kein Versehen. Durchbruch ist nicht etwas, auf das man wartet, bis es passiert. Das Ausmaß, in dem du dich auf das Wort Gottes und seine Prinzipien einlässt, wird dir den Durchbruch bringen.

Gottes Wort ist zu unserem Nutzen. Sobald sich das in deinem Geist festsetzt, wird es sehr einfach sein, Gottes Gebote zu suchen und zu befolgen. Du erkennst, dass sie nicht nur Gebote sind, damit du ein Christ sein oder in den Himmel kommen kannst, sondern dass sie dich wirklich dazu bringen, in jedem Bereich des Lebens zu Wohlstand und Erfolg zu kommen. Wenn du erkennst, dass Gott diese Gebote nicht zu seinem Nutzen, sondern zu deinem Nutzen gegeben hat, wird es dir eine Freude sein, die Gebote Gottes zu halten.

Gott führt niemals rückwärts. Gott führt niemals in die Stagnation. Gott hat versprochen, dass er dich in die Fülle führen wird, wenn du ihm folgst. Entscheide dich dafür, dich vom Geist leiten zu lassen. In Römer 8:14 heißt es: „**Denn alle, die sich vom Geist Gottes leiten lassen, sind Kinder Gottes.**"

Jesus sagte, dass meine Schafe meine Stimme erkennen (Johannes 10:27). Wenn du wiedergeboren bist, hast du Zugang zu der Frequenz, auf der Gott sendet. Es geht nicht darum, ob ein Christ sich vom Geist leiten lassen kann. Es geht darum, dass *man sich die Zeit nimmt*, sich vom Geist leiten zu lassen. Deshalb ist die Taufe mit dem Heiligen Geist und das Beten in Zungen unerlässlich.

In 1. Korinther 14:2 heißt es: „**Denn wenn ihr die Fähigkeit habt, in Zungen zu reden, dann redet ihr nur mit Gott, denn die Menschen werden euch nicht verstehen können. Ihr werdet in der Kraft des Geistes reden, aber alles wird rätselhaft sein.**"

Wenn du in deiner Gebetssprache sprichst, ist es für die Menschen um dich herum wenig hilfreich, da sie die Sprache nicht verstehen. Wenn du im Geist betest, stellst du eine Verbindung mit dem Geist Gottes her und stimmst dich auf diese Frequenz ein. Wenn du dich von Gottes Geist leiten lässt, wirst du immer zum Gewinn geführt werden. Wenn du dich von deinen eigenen guten Ideen leiten lässt, von dem, was andere denken, oder was auch immer du anstelle der Führung Gottes nimmst, wird es leicht, schlechte Entscheidungen zu treffen.

Ohne göttliche Führung kann man nicht an die Spitze gelangen. Menschliche Weisheit bringt dich nur wenig weiter. Es gibt eine Weisheit, die höher ist als alle Weisheit, und diese Weisheit kommt von der göttlichen Führung.

Aus biblischer Sicht gibt es vier Quellen der Weisheit:

Es gibt die **Weisheit der Sinne**, das ist die allgemeine Weisheit, die man als Mensch erbt. Wenn ein Baby geboren wird, nimmt es zum Beispiel nicht die Brust seiner Mutter und steckt sie in sein Ohr. Ohne irgendeine Art von Stillkurs besuchen zu müssen, wissen Babys instinktiv, dass sie die Brust in den Mund nehmen müssen, um Nahrung zu bekommen. Die Weisheit der Sinne ist das, was die meisten Menschen von Natur aus haben.

Es gibt die **erworbene Weisheit**, also die Art von Weisheit, die man durch höhere Bildung erhält. Diese Weisheit ist nicht so gewinnbringend, wie viele Leute denken. Heutzutage gibt es zahlreiche Menschen mit Master-Abschlüssen, die nur die Fähigkeit geübt haben, sich einen Nasenring stechen zu lassen und Kaffee auszuschenken.

Die **teuflische „Weisheit"** ist eine dämonische Weisheit, zu der Hexenmeister, Hellseher und andere dämonisierte Menschen Zugang haben. Allerdings weiß der Teufel nicht, was in fünf Sekunden passieren wird, also gehört es bis zu einem gewissen Grad zum übernatürlichen Bereich des Wissens.

Die **Weisheit Gottes** steht über allem. Gottes Weisheit ist die höchste aller Weisheiten. Hiob 28 bezieht sich auf diese Art von Weisheit und beschreibt, dass nicht einmal das Meer oder die Erde etwas von ihr wissen, weil sie im Himmel bei Gott ist. Wenn man Zugang zu Gottes Weisheit hat, erhebt sie einen über alle Weisheiten, die diese Erde jemals bieten könnte. Das ist die Weisheit, die dich hoch über alle Völker der Welt erheben kann (5. Mose 28:1).

In 1. Mose 12 fordert Gott Abraham auf, sein Land und sein Elternhaus zu verlassen und in das Land zu ziehen, das er ihm zeigen würde. Gott versprach, dass er Abraham segnen und zum Segen machen würde - dass durch ihn alle Völker der Erde gesegnet werden würden.

Alles, was Abraham vollbrachte und wofür er belohnt wurde, begann mit einer göttlichen Führung. Gestatte die gleiche göttliche Führung in deinem Leben. Wenn du kein Gebetsleben hast, keine Zeit mit Gott verbringst und keine göttliche Führung erfährst, wirst du nicht in den Genuss übernatürlichen Reichtums kommen.

> „So spricht der Herr zu seinem Gesalbten, zu Kyrus, dessen rechte Hand ich halte, um die Völker vor ihm zu unterwerfen und die Rüstung der Könige zu lösen, um vor ihm die Doppeltüren zu öffnen, damit die Tore nicht verschlossen werden. ‚Ich werde vor dir hergehen und die

krummen Stellen gerade machen; ich werde die bronzenen Tore zerbrechen und die eisernen Riegel zerschlagen'"

Jesaja 45:1-2
(Aus dem englischen Bibeltext der NKJV übersetzt)

Wenn Gott dich führt, geht er dir voraus und räumt jedes Hindernis aus dem Weg. Das ist der Unterschied zwischen Menschen, die Dinge durch göttliche Führung tun, und Menschen, die Dinge durch gute Ideen tun. Menschen, die vom Geist geführt werden, triumphieren ohne große Mühe, denn Gott geht ihnen voraus und kümmert sich um alle möglichen Herausforderungen.

Man sollte wissen, dass Gott einen gesandt hat. Ich weiß, dass Gott mich gesandt hat, um in den Vereinigten Staaten zu evangelisieren. Es gibt mir Zuversicht, zu erkennen, dass, was auch immer ein Hindernis oder ein Feind sein mag, nicht mein Feind ist. Sie sind Gottes Feinde, denn ich bin nicht da draußen und mache mein eigenes Ding. Ich habe mich nicht für diesen Berufszweig entschieden, weil ich gerne in der Öffentlichkeit spreche, mir ein paar schicke Anzüge kaufen oder einfach nur über die Bibel reden wollte - ich wurde von Gott gesandt. Gott hat mich zu dem geführt, was ich heute tue.

„Ich will euch die verborgenen Schätze und die Reichtümer von versteckten Orten zeigen, damit ihr erkennt, dass ich, der Herr, der euch bei eurem Namen nennt, der Gott Israels bin."

Jesaja 45:3
(Aus dem englischen Bibeltext der NKJV übersetzt)

Gott wird vor dir hergehen und die krummen Wege gerade machen, die eisernen Tore einreißen und alles zertrümmern, was sich dir in den Weg stellt. Darüber hinaus wird er dich zu den verborgenen Schätzen, den Reichtümern der geheimen Orte und dem Reichtum der Gottlosen führen. Durch seine Weisheit wird Gott dir einen Weg zeigen, wie du diese Dinge durch göttliche Führung erhalten kannst.

Entwickle eine Routine, in der du Zeit mit Gott verbringst. Wie bei einer Radiosendung hat Gott eine Frequenz, auf der er sendet. Wenn du dich nie in die Sendung einschaltest, wirst du nie hören, was er sagt. Du musst Gott nicht anflehen zu sprechen, er spricht immer, aber es liegt in deiner Verantwortung, dich auf diese Frequenz einzustellen. Genauso wenig wie man eine Radiosendung zurückspulen kann, kann man zu dem Zeitpunkt zurückgehen, an dem Gott versucht hat, zu einem zu sprechen, und herausfinden, was man verpasst hat. Wenn du es verpasst hast, hast du es verpasst. Das zeigt, wie wichtig das Gebet ist. Gott spricht jeden Tag über relevante Informationen. Wenn du Zeit mit ihm verbringst, wird er dich in seine Weisheit einweihen. Seine Weisheit wird dir helfen, alle Hindernisse aus dem Weg zu räumen und dir die Schätze der Finsternis und die Reichtümer an geheimen Orten zu zeigen.

Ich kenne ein Ehepaar, das sich auf den Kauf eines Hauses und eines Grundstücks vorbereitete. Der Herr sprach zu der Frau im Gebet und sagte: „Auf dem Grundstück, das du dir gestern angesehen hast, liegt ein Schatz." Sie sagte es ihrem Mann, er hörte auf sie, und sie kauften das Grundstück. Sie ließ ihren jüngsten Sohn mit einem Metalldetektor auf dem ganzen Grundstück nach einem Schatz suchen. Er fand nichts. Die Zeit verging und sie dachten: „Nun, sie dachte, sie hätte von Gott gehört, aber ich schätze, das hat sie nicht."

Jahrzehnte später entdeckten sie, dass sich ihr Grundstück über einer Erdgasquelle befand. Sie fanden nicht nur eine, sondern gleich mehrere Erdgasquellen auf diesem Grundstück. Das Unternehmen zahlte ihnen 250.000 Dollar für die Bohrrechte und die Gasförderung und zusätzlich 10.000 Dollar pro Bohrung und Monat. Das brachte ihnen Reichtum. Das sind Millionen und Abermillionen von Dollar, die in der Familie weitergegeben werden. Die Familie erhielt einen Generationssegen, weil sie eine Anweisung Gottes befolgte.

Du brauchst eine göttliche Begegnung mit Gott, in der du seinen Willen für dein Leben erfährst. Vor zwei Jahren habe ich in einer Kirche über göttliche Führung gesprochen. Ich erzählte der Gemeinde die Geschichte, wie ein Engel in meinem

Zimmer erschien, als ich jung war, und mir sagte, ich werde ein Evangelist sein. Ich sagte zu den Zuhörern: „Die meisten Menschen werden eine solche Begegnung nicht haben. Die meisten Menschen werden nur die Grundsätze von Gottes Wort lesen und dann wissen, was sie in ihrem Leben tun sollen." Ich fühlte mich sofort überführt, nachdem diese Worte aus meinem Mund kamen. Nach dem Treffen spürte ich, wie der Herr zu meinem Geist sprach: „Du weißt ganz genau, dass mein Wort in Apostelgeschichte 10 sagt, dass Gott keine Rücksicht auf Menschen nimmt. Es ist nicht so, dass ich das nur für dich getan habe, weil du etwas Besonderes bist und ich es nicht für andere Menschen tun würde. Was einen Engel dazu gebracht hat, zu dir zu kommen und dir zu sagen, was du mit deinem Leben anfangen sollst, ist, dass du nach mir gesucht hast und ein Verlangen in deinem Herzen nach meinem Reich hattest - und so habe ich dich geführt. Und ich werde das für jeden tun, der die gleichen Wünsche hat."

Propheten Gottes in der Bibel wie Gideon, Mose, Abraham, Isaak, Jakob, Jona und Paulus - sie alle hatten tiefgreifende Begegnungen mit Gott, einem Engel oder einer Art Vision. Sie alle erlebten etwas, das sie zutiefst erschütterte, und erhielten klare Anweisungen. Ich will damit nicht sagen, dass du dich in ein Zimmer einschließen und verlangen sollst, dass Gott dich besucht. Du solltest nicht auf diese Weise nach dem Übernatürlichen suchen, denn so kann man schnell in die Irre geführt werden. Wenn du danach strebst, eine Stimme zu hören, wird der Teufel dir entgegenkommen und du wirst anfangen, Stimmen zu hören. Die meisten Menschen sind weder geistlich reif noch intelligent genug, um zu erkennen, ob es sich um Gott oder den Teufel handelt. Verbringe Zeit mit Gott und erlaube seiner Gnade, in deinem Geist den Wunsch zu wecken, etwas für das Reich Gottes zu bewirken. Wenn du das tust, wirst du eine Begegnung mit der Stimme Gottes haben, Träume, Visionen oder etwas Ähnliches.

„In den letzten Tagen, sagt Gott, werde ich meinen Geist über alle Menschen ausgießen. Eure Söhne und Töchter

werden prophezeien. Eure jungen Männer werden Visionen sehen und eure alten Männer werden Träume haben."

Apostelgeschichte 2:17

Apostelgeschichte 2:7 ist eine Verheißung von Gott. Wenn du dein ganzes Leben ohne irgendeine Art von übernatürlicher Führung gelebt hast, solltest du entweder die Zeit, die du mit Gott verbringst, oder deinen Willen überprüfen. Überprüfe, ob du einen westlichen Geist hast, der nur die Rechnungen bezahlen und ein schönes Haus haben will, oder ob du wirklich den Wunsch hast, das Reich Gottes zu erbauen.

Bevor mir der Engel erschien, als ich sieben Jahre alt war, stand ich an der Straßenecke unserer Wohnsiedlung mit einem Plakat, auf dem stand: „Jesus liebt dich". Mit 3 Jahren habe ich gepredigt und Predigten auf meinem Kassettenrekorder aufgenommen. Indem ich die Predigten meines Vaters über Himmel, Hölle und biblische Prophezeiungen hörte, entwickelte ich in meinem Geist den Wunsch, dass Menschen gerettet werden sollten. Das war das Wichtigste in meinem Leben, und es zog eine übernatürliche Begegnung mit Gott nach sich. Es war die Gelegenheit für Gott zu sagen: „Okay, ich habe etwas für dich zu tun. Ich werde dir sagen, wie du es tun kannst."

Zuallererst muss man den Wunsch haben, das Reich Gottes voranzubringen. Wenn man diesen Wunsch hat, muss man ebenfalls offen für eine göttliche Begegnung sein. Verbringe Zeit mit Fasten und Gebet. Es zeichnet dich aus, dass du Gott kennst und dass er dich aufsucht. Man darf nicht denken, dass eine göttliche Begegnung, eine Vision, ein Traum oder ein Engelsbesuch nur etwas für einige Auserwählte ist. Wenn du die Bibel studierst, wirst du feststellen, dass jeder, der sich selbst dazu bestimmt hat, von Gott gebraucht zu werden, eine Begegnung mit Gott hatte. Bei dir wird es nicht anders sein, denn Gott macht keine Unterschiede zwischen den Menschen und er hat auch keine Lieblinge (Apostelgeschichte 10:34).

Dein Durchbruch ist an einen Ort gebunden

„… der Herr ist mein Hirte, mir mangelt es an nichts."

Psalm 23:1
(Aus dem englischen Bibeltext der NIV übersetzt)

Erlaube Gott, dich in jedem Aspekt deines Lebens zu führen. Außerdem musst du verstehen, dass dein Durchbruch an einen Ort gebunden ist. Jona war ein Prophet, der so mächtig gesalbt war, dass sein Dienst die ganze Stadt Ninive zu einem 40-tägigen Fasten veranlasste. Die Bibel sagt in Jona 3, dass sogar die Tiere nichts aßen. Das ist eine mächtige Salbung! Der Herr befahl ihm, nach Ninive zu gehen, aber Jona missachtete seinen Befehl und fuhr mit einem Schiff weg von Ninive. Als Jona in die falsche Richtung unterwegs war, wurde er verflucht. Er war so verflucht, dass die heidnischen Leute auf dem Schiff dies bemerkten. Sie zogen Jona zur Seite und sagten: „Bruder, du hast ein Problem. Seit du auf diesem Schiff bist, geht alles schief. Wir haben es auf dich zurückgeführt. Du musst von diesem Schiff runter."

Jonas trostloser Zustand zeigt die Wahrheit, dass ein Mensch nie so gesalbt werden kann, dass er der göttlichen Führung entwächst. Ein Mensch sollte ständig Anweisungen von Gott erhalten. Es gibt Diener Gottes, die 1995 eine Anweisung von Gott erhalten haben und sie seit Jahren wiederholen. Sie erhalten nie ein frisches Wort oder eine Aktualisierung dessen, was Gott von ihnen will, und so stagnieren sie. Lass dich dazu leiten, was Gott für dich zu tun hat. Dann versuche, regelmäßig seine Stimme zu hören, um aktuelle, relevante und spezifische Anweisungen zu erhalten.

Man kann auch nicht einfach so leben, wo man will. Die meisten Menschen leben in der Nähe ihrer Eltern, dort, wo ihre Mutter sie haben will. Ich spreche hier nicht von Teenagern, sondern von 56-Jährigen, die dort leben, wo sie aufgewachsen sind. Sie sagen: „Ich muss in der Nähe meiner Mutter sein, denn wenn ich nicht hier wäre, gäbe es niemanden, der sie besuchen könnte." Sie treffen ihre Entscheidungen nicht auf der Grundlage von Gottes Führung.

Es beunruhigt mich sehr, wenn ich höre, wie Menschen darüber reden, wo sie leben, und ich höre nicht: „Ich habe den Herrn sagen hören…" Es heißt immer: „Nun, meine Frau mag die Gegend um Columbus, Ohio. Wir hatten schon immer das Gefühl, dass diese Gegend eine Kirche braucht." Ich höre ihnen die ganze Zeit zu, mit dem Gefühl, dass sie es im Leben schwer haben werden. Wenn man eine Gemeinde gegründet hat, in den Dienst gegangen ist oder ein Unternehmen gegründet hat, basierend auf dem Gefühl, es sei eine gute Idee - dann braucht man eine Begegnung mit dem Herrn. Man sollte hören, wie der Herr einem die Richtung vorgibt. Wenn man wie Jona in die falsche Richtung geht, spielt es keine Rolle, wie viel Salbung man hat. Wenn man nach Ninive berufen ist und von dort weggeht, ist man verflucht.

Es gibt einen Pastor, der mit meinem Vater auf der Bibelschule war. Er spürte, dass seine Zeit in der Kirche, die er leitete, abgelaufen war, und bat den Herrn, ihm eine große Dienst-Möglichkeit zu eröffnen. Und tatsächlich erhielt er Anrufe von drei großen Gemeinden. Zu diesem Zeitpunkt leitete er eine Gemeinde mit weniger als 200 Menschen, während in anderen Gemeinden etwa 700 bis 1.100 Menschen saßen. Jede dieser Gelegenheiten wäre eine große Veränderung und die Antwort auf sein Gebet gewesen. Nachdem er eine bestimmte Gemeinde besucht hatte, fühlte er sich in seinem Geist geführt, dass dies die Gemeinde war, die er als Pastor leiten sollte. Ein paar Monate später bemerkte ich, dass er nicht umgezogen war, und fragte: „Warum bist du nicht gegangen?" Er sagte: „Oh, meine Frau meinte, wir würden zu weit weg von ihrer Mutter wohnen, und wir müssen nahe genug sein, um sie besuchen zu können." Man kann Gott keine Beschränkung auferlegen.

Er hätte genauso gut beten können: „Gott, ich gehe überall hin, wo du mich haben willst. Ich werde alles tun, was du von mir verlangst. Ich werde alles sagen, was du von mir verlangst. Solange es sich einem Radius von 50 Meilen um meine Schwiegermutter befindet." So kann man nicht leben.

Du musst dich zu einem Diener des Herrn machen, der bereit ist, zu gehen und zu tun, was auch immer er sagt. Denk einmal darüber nach, wie viele Menschen in die Bibelschule berufen werden und sich von jemandem davon abbringen lassen. Sie sagen dann: „Florida ist ein weiter Weg. Ich weiß nicht, ob das in deinem Alter klug ist. Du bist doch nur ein 18 jähriges Mädchen." Die meisten Menschen lassen sich von anderen das ausreden, wozu Gott sie berufen hat. Von da an stagniert ihr Leben, weil sie die Gelegenheit verpasst haben, die Gott für sie vorbereitet hat.

Wenn Gott dir eine Anweisung gibt und du dich weigerst diese zu befolgen, wirst du den Rest deines Lebens außerhalb des Willens Gottes verbringen. Gott erschafft dann keinen zweiten Willen für dein Leben, der auf deinem Ungehorsam beruht. Jeder Mensch, den du dann triffst, ist jemand, den Gott nie für dich vorgesehen hat. Warum, glaubst du, heiraten die meisten Menschen einen Dummkopf, der ihr Leben ruiniert? Weil sie ihren Geist nicht auf die göttliche Führung ausgerichtet haben. Man muss der Stimme Gottes gehorchen.

Unzählige Menschen erleben keine göttliche Begegnung mit Gott, weil der Herr weiß, dass sie nicht zuhören würden, selbst wenn er zu ihnen sprechen würde. Lass nicht zu, dass du einer von diesen bist! Als Gott zu Abraham sagte: „Verlasse die Familie deines Vaters, verlasse dein Land und geh in das Land, das ich dir zeigen werde", sagte er ihm nicht, in welches Land er gehen sollte, sondern nur, dass er gehen sollte (1. Mose 12:1). Abraham brach noch am selben Tag auf. Wenn du Abrahams Segen haben willst, musst du so leben wie Abraham. Abraham brach nicht erst 15 Jahre später auf, er brach sofort auf. Die meisten Menschen sind zu langsam, wenn es darum geht, Gottes Anweisungen zu befolgen. Gott spricht zu ihnen, und sie brauchen eine Ewigkeit, um die Anweisung zu befolgen. Abrahams Vater Terach war ein Götzendiener. Es gibt Zeiten, in denen Gott einen Menschen dazu bringt, sich von seiner Familie zu lösen und woanders hinzugehen. Jesus wurde in seiner eigenen Heimatstadt nicht geehrt. Oft muss man den

Ort verlassen, an dem man aufgewachsen ist, um den Ort zu finden, an dem man den Durchbruch erleben wird.

Gott wies Elia an, sich hinzusetzen und in Krith zu lagern. Er sagte Elia, dass Raben ihn füttern würden und dass er aus dem Bach trinken könnte. Die Raben folgten Elia nicht einfach irgendwohin, sondern sie folgten ihm an den Ort, an den Gott ihn geführt hatte. Als der Bach versiegte, gab Gott ihm eine zweite Anweisung. Geh in das Dorf Zarephath, und du wirst eine Witwe finden, die Stöcke sammelt. Ich habe ihr bereits den Auftrag gegeben, dich zu ernähren (1. Könige 17:9). Elia nahm Gottes Führung sehr ernst.

Ich bin einmal zu einer Versammlung gegangen, welche Bischof Oyedepo in New York City abhielt. Es waren etwa 80 Prediger anwesend. Es war großartig, in einem so kleinen Rahmen mit einem der großen Diener Gottes zusammen zu sein. Bischof Oyedepo sprach die ganze Zeit über Jona. Er sagte den Pastoren aus Afrika: „Viele von euch müssen zurück nach Afrika gehen, weil Gott euch nie nach Amerika gerufen hat. Ihr wollt nur die Probleme Afrikas verlassen und in die Vereinigten Staaten kommen, damit eure Kinder auf eine bessere Schule gehen können. So funktioniert das aber nicht. Du kannst nicht einfach beschließen, dass du genug von Afrika hast und nach Amerika gehen. Und dann, weil man zum Dienst berufen ist, gründet man eine Kirche in Amerika. Das ist der Grund, warum viele von euch nicht einmal 35 Leute am Sonntagmorgen erreichen können. Gott hat euch nie hierher geschickt. Ihr müsst zurück nach Afrika gehen. Hier ist ein Mann - du hast einen Thron in Kenia gegen einen Klappstuhl in Amerika getauscht."

Was hat Bischof Oyedepo damit gemeint? Er sagte damit, dass Gott diese Männer ursprünglich in Afrika eingesetzt hätte, um *diese* Nation zu erschüttern. Stattdessen haben sie, weil sie in Amerika leben wollten, kleine, um's Überleben kämpfende Kirchen, die nie etwas bewirken werden, weil sie am falschen Ort sind. Ignoriere nicht die Tatsache, dass dein Durchbruch an einen Ort gebunden ist.

Nimm dein Leben ernst. Lebe nicht, wo du willst, sondern wo Gott dich hinführt. Geh nicht irgendwo auf eine Universität oder Bibelschule, sondern frage Gott, wohin du gehen sollst. Die meisten Menschen entscheiden sich dagegen, Gott um Rat zu fragen. Mach es zu einer Priorität, Gott bei *allem* um Rat zu fragen. Bete am Morgen. Bitte Gott jeden Tag: „Herr, öffne meine Augen. Lass meinen Geist für deine Stimme empfänglich sein. Führe mich heute, in Jesu Namen."

Bete dieses Gebet: *Vater, lass uns deine Stimme nie überhören. Lass uns deine Stimme hören, die sagt: „Das ist der Weg, auf ihm sollt ihr gehen." Lass uns die Gnade haben, dass wir wie Abraham nie länger als 24 Stunden warten, um dem zu gehorchen, was du uns gesagt hast. Lass uns Menschen sein, die sich schnell bewegen, die der Wolkensäule und der Feuersäule folgen. Lass uns sensibel für deine Stimme sein. Lass uns nicht nur deine Stimme hören, sondern auch deiner Stimme gehorchen. Gib uns die Gnade, ohne Unterlass zu beten, den Morgen im Gebet zu verbringen und uns den ganzen Tag Zeit zu nehmen, um dein Angesicht zu suchen. Lass uns für deine Stimme empfänglich sein, damit wir nicht so leben wie die Menschen um uns herum in unserer Kultur und in der ganzen Welt - vom Winde verweht, von ihren Problemen und ihrem eigenen fleischlichen Denken geleitet. Lass uns Menschen sein, die sich von deinem Geist leiten lassen, denn du sagst in Römer 8:14, dass alle, die sich vom Geist Gottes leiten lassen, Söhne und Töchter Gottes sind. Wir danken dir und preisen dich, dass wir als deine Kinder deine Stimme hören können. Wir müssen unsere Informationen nicht aus den Nachrichten beziehen. Wir können deine Stimme hören, und indem wir deine Stimme hören, haben wir Zugang zu deiner Führung - die uns immer von Schwierigkeiten weg und in den Gewinn führt. Möge sich mein Leben von diesem Tag an in diesem Sinne verändern, in Jesu mächtigem Namen.*

Kapitel 8

Die Kraft der weisen Planung

„Durch weise Planung wird ein Haus gebaut, durch gesunden Menschenverstand wird es stark und profitiert wunderbar, wenn man sich über die Tatsachen auf dem laufenden hält."

Sprüche 24:3-4
(Aus dem englischen Bibeltext der TLB Übersetzung übersetzt)

Einfach an Gott zu glauben ist kein Plan. Wenn man alles in diesem Bereich des Denkens belässt, wird man arm sein.

„Wie wird deine Gemeinde dieses Jahr wachsen, Pastor?"
„Nun, wir glauben einfach, dass Gott uns Menschen schicken wird!"
„Wie läuft es mit deinem Unternehmen?"
„Im Moment läuft es nicht gut, aber ich glaube Gott, dass es wachsen wird."
„Wie glaubst du, dass dein Unternehmen wachsen wird?"
„Ich glaube einfach, dass der Herr einen Weg bahnen wird, wo kein Weg ist."

Die meisten Menschen, die Pfingst-Bewegung aufgewachsen sind, wissen, dass sie unkluge Planer sind. Alles wird auf den himmlischen Bereich abgeschoben, dann warten sie darauf, dass die Engel tun, was Gott eigentlich ihnen selbst aufgetragen hat. In Sprüche 24 heißt es, dass ein Haus durch Weisheit, weise Planung und Erkenntnis gebaut wird. Die gute Nachricht ist, dass man sich nicht entscheiden muss, ob man geistlich oder ein weiser Planer ist.

Das Leben ist kein Mysterium.
Das Leben ist praktisch.

Denke an die armen Orte der Welt. Das sind die Orte, an denen Hexerei praktiziert wird und die keine Struktur haben und ihr Land von der Geisterwelt regieren lassen. Und jetzt denke an die wohlhabenden Länder der Welt. Ihre Regierungen haben konkrete Pläne, und sie unternehmen etwas, um Ziele zu erreichen und Stabilität zu schaffen.

Weißt du, warum es so viele arme christliche Unternehmen und reiche weltliche Unternehmen gibt? Wenn ein Christ ein Unternehmen hat und seine Finanzen austrocknen, betrachten die meisten von ihnen dies als einen Angriff des Teufels. Sie werden fasten, beten und Bücher über die Gaben des Geistes lesen, um das Problem zu beheben. Wenn dagegen die Einnahmequelle eines Sünders zu versiegen beginnt, sehen sie das nicht als Angriff des Teufels an. Sie erwarten nicht, dass Gott ihnen hilft. Sie nutzen ihren gesunden Menschenverstand, um die Ursache des Problems herauszufinden und einen Aktionsplan zu entwickeln, um es zu bekämpfen.

Manche Christen schieben alles auf den Teufel und bitten den Herrn, sich für sie einzusetzen. Bitte versteh mich nicht falsch, das Übernatürliche ist real. Der Heilige Geist wird deinen Verstand salben, damit du Pläne machen kannst, die übernatürlich sind, und dir qualitativ hochwertige, meditative Gedanken geben, die alle Probleme angehen. Du musst dich nicht entscheiden, ob du an das Übernatürliche glaubst oder ein kluger Planer bist.

Nehmen wir den Verlorenen Sohn als Beispiel. Seine Geschichte finden wir in Lukas 15:11-32. Überlege, wie sich alles für ihn gewendet hat. Er gab jeden einzelnen Cent aus und hatte kein Geld mehr. Er saß bei den Schweinen und hatte Schweinemist gegessen. Doch dann änderte sich alles durch kluges Denken und Planen. In Vers 17 heißt es: **„Als er endlich zur Vernunft kam..."** Alles, was er tun musste, war sitzen und nachdenken. Um seinen Gedankengang zu umschreiben: „Mein Vater wird mich nie wieder als Sohn annehmen, so wie ich ihn behandelt und entehrt habe. Aber ich weiß, dass er Diener braucht. Wenn ich jetzt zurückkehre, wird er mich als Diener einstellen und ich werde besser leben als heute." Er fasste einen Plan, und alles wendete sich zu seinen Gunsten. Schauen wir uns an, was eine kluge Planung beinhaltet.

Gott wird es nicht allein regeln

Gott hat alles getan, was er tun wird. Er hat Jesus gesandt - Jesus hat sein Werk vollendet und ist in den Himmel aufgefahren. Der Heilige Geist ist gesandt worden. Das Wort Gottes steht dir zur Verfügung; alle Macht ist dir gegeben worden. Nicht Gott kümmert sich um deine Probleme, sondern du musst einen Plan entwickeln, um sie zu lösen. Gott wird dir die Arbeit nicht abnehmen, du musst die Dinge selbst in die Hand nehmen.

Dr. Benson Idahosa hat einmal gesagt: „Gott hat dir ein Gehirn gegeben, damit du ihm eine Pause gönnen kannst." Gott hat dir ein Gehirn gegeben, damit du nicht ein hilfloses menschliches Wesen sein musst, das sich jeden Tag auf den Boden wirft und zu Gott schreit: „Ich brauche Hilfe!", „Ich brauche Brot!", „Ich brauche Wasser!", „Ich brauche Kleidung!"

In 1. Korinther 2:16 steht, dass wir den Verstand Christi haben. Sag das zu dir selbst: *„Ich habe den Verstand Christi."* Vielleicht hat man dir in der Schule gesagt, dass du dumm bist oder wurdest von anderen als unintelligent angesehen. Als du errettet und wiedergeboren wurdest, erlöst durch das Blut Jesu, ist dein altes Leben gestorben. Alle Dinge sind neu und Gott hat dir einen Verstand gegeben, mit dem du jedes Problem lösen kannst.

Als wir eine Evangelisationsveranstaltung in Philadelphia im Staat Pennsylvania durchführten, wurde unsere Genehmigung zunächst zurückgezogen. Ich war entmutigt, als ich die Nachricht hörte, aber der Heilige Geist ermutigte mich auf eine sehr merkwürdige Weise - die Mafia. Ich habe nicht nur die meisten Mafia-Filme gesehen, sondern auch so ziemlich alles gelesen, was es über die Geschichte der italienischen Mafia in den Vereinigten Staaten gibt. Die Mafia mit ihrem durch Kokain, Alkohol und Krankheit zerstörten Verstand war in der Lage, die Regierung zu übertreffen. Ich sagte mir: „Wie viel mehr bin ich, erfüllt vom Heiligen Geist und mit dem Verstand Christi, in der Lage, mir einen Plan auszudenken, um diese Regierungsbehörde zu besiegen, die versucht, der Evangelisationsveranstaltung ein Ende zu setzen?" Dieser Gedankenprozess gab mir Zuversicht.

Du hast nicht nur einen Verstand - du hast den *Verstand Christi*. In Philipper 2:5 steht: **„In euch soll der Verstand sein, der auch in Jesus Christus war"** (aus dem englischen Bibeltext der NKJV übersetzt). Mit dem Verstand Christi gibt es kein Hindernis, das man nicht überwinden kann. Wenn Hindernisse auftauchen, muss man nicht darauf warten, dass Gott etwas dagegen unternimmt. Man überlässt es auch nicht allein dem Gebet. Wenn Du betest, solltest Du nicht sagen: „Herr, ich weiß nicht, was ich tun soll. Ich lege das einfach in deine Hände." Nein, wenn du effektiv beten willst, sag: „Herr, ich weiß, dass es einen Ausweg gibt. Zeig ihn mir in Jesu Namen."

Als ich in der Karibik predigte, bot ich jedem, der sich zum Dienst berufen fühlte, ein Stipendium für eine Bibelschule an. Ich habe einen ganzen Gottesdienst damit verbracht, über den Bedarf an Dienern Gottes zu predigen - dass die Ernte groß ist und die Arbeiter wenige sind. Ich hielt einen Altarruf für alle, die ihr Leben Jesus Christus für einen vollzeitlichen christlichen Dienst übergeben wollten - für diejenigen, die sagen: „Es gibt kein Zurück mehr, ich gebe alles. Ich werde für nichts aufhören."

Zwölf Stunden später erhielt ich auf Facebook eine Nachricht von einem jungen Menschen, der ein vollständiges Stipendium erhalten hatte und die Bibelschule gebührenfrei besuchen konnte. Alles, was er tun musste, war, nach Florida zu gehen, das nicht weit von der Karibik entfernt ist. Er erzählte mir, dass er bei der Bewerbung eine Gebühr von 50 Dollar zu entrichten hatte. Die Gebühr konnte nur mit einer Kreditkarte bezahlt werden. Er sagte, dass er nicht auf die Bibelschule gehen konnte, weil er keine Kreditkarte hatte. Wenn das alles ist, was es braucht, um dich im Leben aufzuhalten, wirst du leider gar nichts erreichen.

Ein Mann in dieser Lage sollte sich ganz einfach eine Kreditkarte zulegen. Denk an alle möglichen Optionen: Leih dir die Kreditkarte eines Familienmitglieds, leih dir die Kreditkarte eines Freundes oder besorg dir deine eigene Kreditkarte. Jeder kann eine Kreditkarte bekommen, das ist gar nicht so schwer. Man schenkt sie inzwischen praktisch den Haustieren.

Ähnlich wie der junge Mann reagierte, machen es die meisten Menschen: Sie stoßen auf eine Herausforderung und werden schwach. Wenn du auf eine Herausforderung triffst, solltest du stattdessen sagen: „Das ist etwas, das mir im Weg steht. Wie kann ich diesen Berg versetzen? Wie kann ich ihn umfahren? Wie kann ich einen Tunnel durch ihn hindurch schlagen?" Jedes Mal, wenn etwas deinen Fortschritt hemmt, danke Gott, dass du einen gesalbten Verstand hast, und nutze ihn, um dir einen Ausweg zu überlegen - wie der verlorene Sohn.

Du brauchst ein Einkommen

„Wie lebst du?"
„Naja, ich lebe durch Glauben!"

Viele Menschen glauben so, als ob Glaube ein Synonym dafür ist, nicht zu arbeiten und nichts zu tun, was Geld einbringt. Es ist wichtig, dass man eine Einkommensquelle hat. Es mag offensichtlich klingen, aber du wärst schockiert, wie viele Leute nicht wissen, dass man eine Einkommensquelle haben muss!

Wenn du nichts tust, um ein Einkommen zu erzielen, lebst du außerhalb des Willens Gottes. Die Bibel weist dich an, zu arbeiten. Wenn die Bibel von *Arbeit* spricht, dann meint sie *produktive Arbeit*, die Ressourcen erzeugt, um für sich und die eigene Familie zu sorgen. Du solltest deine eigene Last tragen und niemals anderen zur Last fallen. Wusstest du, dass das ein biblisches Gebot ist? In Galater 6:5 heißt es: **„Denn ein jeder trage seine eigene Last"** (aus dem Bibeltext der NKJV übersetzt). Mit anderen Worten: Dein Bedürfnis nach Nahrung ist etwas, für das Gott *dich* befähigt hat, selbst zu sorgen. Es ist nicht etwas, von dem du glaubst, dass Gott es jemand anderem überlässt, *für dich* zu sorgen. Du musst etwas tun, das dir ein Einkommen verschafft.

Als Gott Abraham berufen hat, sagte er ihm, dass er ihn zu einem großen Volk machen würde. Sofort begann Abraham, Vieh zu züchten, eine praktische Maßnahme, welche Einkommen einbrachte. Abraham begnügte sich nicht mit dem Wissen, dass Gott ihn gesegnet hatte, dass sein Wort wahr war und dass er einen Weg bahnen würde, wo es keinen Weg zu geben schien. Er setzte eine praktische Maßnahme um, die ihm Einkommen verschaffte.

Im Glauben zu leben heißt nicht, in Armut zu leben. Im Glauben zu leben bedeutet nicht, von anderen Menschen zu erwarten, dass sie deine Bedürfnisse erfüllen. Im Glauben zu leben bedeutet, von Gott die finanzielle Befähigung zu erhalten, die dich zu einem Segen für andere macht.

Wenn du kein Einkommen hast, bist du disqualifiziert für alles, was in diesem Buch steht. Du musst arbeiten und darauf vertrauen, dass du einen Job findest, der dir ausreichend Geld einbringt.

Als ich auf der Bibelschule war, hatte niemand wirklich Geld. Keiner von uns Studenten hatte Geld, wir waren einfach

„arme Bibelschüler". Mir war klar, dass ich Geld brauchte, um das Auto, die Autoversicherung, die Studiengebühren und das Essen zu bezahlen. Ich brauchte Geld zum Leben.

Als es für mich an der Zeit war, mir einen Job zu suchen, dachte ich zunächst, ich würde jemanden bitten, mir zu helfen, einen Job in dem Unternehmen, wo sie arbeiten, zu finden. Dann dämmerte es mir, dass alle meine arbeitenden Schul-Freunde mit ihren Jobs pleite waren. Anstatt in denselben Jobs zu arbeiten, suchte ich online nach Stellenangeboten, die 20 Dollar pro Stunde bezahlten. Bei meiner Suche stieß ich auf einen Callcenter-Job. Ich ergriff die Initiative und bewarb mich, indem ich einfach das tat, was verlangt wurde, und ich bekam den Job! Während meines Studiums an der Bibelschule hatte ich einen Überschuss an Taschengeld. Nicht durch Magie, sondern durch Arbeit. Sei kein Bibelschüler, der von anderen Menschen abhängig ist und hofft, dass dich jemand mit Geld „segnet".

Ich möchte, dass du verstehst, dass Gott nicht will, dass du nach Menschen suchst, die *dich segnen*. Gott möchte, dass du die Person bist, die Menschen segnet. Versteh mich bitte nicht falsch, Gott wird dir Menschen schicken, die dich segnen, aber das sollte nicht die Quelle deines Einkommens sein.

Du solltest nicht von dieser Quelle abhängig sein, um deine Rechnungen bezahlen zu können. Die Leute sollten dir keine 100 Dollar aus Mitleid geben müssen, weil sie an deinem traurigen Gesichtsausdruck erkennen können, dass es dir nicht gut geht und du in letzter Zeit nichts gegessen hast. Das ist keine Art zu leben! Gott will nicht, dass du so lebst.

Entwickle einen einen Plan, der Einkommen verschafft. Wenn du im Vollzeit-Dienst stehst und die Tatsache verschweigst, dass du kein Einkommen hast, spricht die Bibel deinen Zustand an. Die Bibel sagt, dass der Arbeiter seines Lohnes würdig ist (Lukas 10:7). Wenn dieser Vers in 1. Timotheus 5:18 wiedergegeben wird, wird er in Vers 17 mit den Worten eingeleitet: „**Die Ältesten, die gut leiten, sollen der doppelten Ehre würdig sein...**" Diejenigen, die das Wort Gottes predigen und lehren, sollten den doppelten Lebensstandard haben, verglichen mit dem, wo sie ihren Dienst tun.

Viele denken, dass Menschen im Vollzeitdienst umsonst arbeiten sollten, und werden somit nicht auch für ihre Arbeit bezahlt. Personen im Vollzeit-Dienst sollten nicht so ausgiebig für umsonst arbeiten, sodass sie dann keine Arbeit finden können und deshalb kein Geld haben. Verwechsle das bitte nicht damit, in deiner Kirche involviert zu sein, daran wäre nichts falsch. Falsch ist, wenn man von dir erwartet, dass du 30 bis 50 Stunden in der Woche unentgeltlich dort dienst, bis zu dem Punkt, an dem du keinen anderen Job mehr ausführen kannst. Es gibt verheiratete Bibelschüler, die das tun, ohne sich darüber im Klaren zu sein, dass sie damit unter anderem ihren Kindern einen schlechten Eindruck von der Kirche vermitteln. Ihre Kinder werden dann nicht dem Herrn dienen wollen.

Wenn Kinder sehen, wie ihre Eltern in Armut leben und nie genug haben, werden sie der Bibel nicht glauben, wenn sie sagt, dass Gott ein Versorger ist. Wenn sie sehen, dass ihre Eltern ihm fleißig dienen und es ihnen trotzdem ständig an allem mangelt, ergibt das einfach keinen Sinn. Es ist nicht richtig, wenn jemand von dir verlangt, dass du so viel Zeit für deinen Dienst aufbringst, ohne dafür bezahlt zu werden. In Jakobus 5:4 ist von Arbeitern die Rede, denen der Lohn verweigert wurde. Als ihre Schreie die Ohren des Herrn erreichten, sah Gott das als böse an und verurteilte sie. Gott will, dass die Menschen bezahlt werden.

Jeder, der in unserem Dienst arbeitet, wird gut bezahlt. Wir sagen unseren Mitarbeitern nicht, dass sie einfach in Glauben leben sollen. In Glauben zu leben ist keine religiöse Sprache, mit der man Menschen auffordert, zu verzichten. Die verantwortliche Person sollte nicht nur für sich selbst glauben, sondern auch für ihre Mitarbeiter sorgen. Die Bibel sagt, dass der Glaube ein winziges Senfkorn ist, das, wenn es gepflanzt wird, zu einem mächtigen Baum wird, in dem die Vögel ihr Nest bauen (Matthäus 13:31-32).

Wenn du dies als Bibelschüler liest, musst du die Denkweise eliminieren, dass du ohne Einkommen im Glauben leben oder umsonst einen Vollzeit-Dienst übernehmen kannst. Wenn du nie Geld hast und immer auf der Suche nach jemandem bist, der dich segnet, wirst du auch im Dienst so vorgehen. Du wirst kein Geld im Dienst haben und wirst ständig nach jemandem in der Kirche suchen, der Geld hat - um dich zu segnen oder dir eine Unterkunft zu geben.

In den Anfängen des Dienstes meines Vaters nahmen die Kirchen in der Regel keine Opfergaben für Gastredner an. Der Kirchenvorstand beschloss ein Honorar für den Gastredner, das in der Regel etwa 200 Dollar pro Woche betrug. Das reichte kaum aus, um die Reisekosten meines Vaters zu seinem nächsten Einsatz zu decken. Im ersten Jahr seines Dienstes betrug sein Gesamteinkommen weniger als 5.600 Dollar.

Eines Tages betete mein Vater, dass Gott ihm einen Plan gebe. Zu dieser Zeit hatte er etwas mehr als 400 Dollar auf der Bank angesammelt, mehr als er jemals zuvor hatte. Gott sagte ihm, er soll mit diesem Geld einen Kassettenrekorder kaufen, um seine Predigten aufzuzeichnen und sie auf Reisen an seinem Tisch zu verkaufen. Der Kauf kostete 400 Dollar und schöpfte sein gesamtes Geld aus.

Mein Vater fragte sich, wer um alles auf der Welt seine Predigten kaufen würde. Er glaubte nicht, dass er ein guter Prediger war. Danach verkaufte er an dem ersten Ort, an den er ging, die Predigten einer gesamten Woche für einen ziemlich geringen Betrag. Er war in einer mittelgroßen Kirche, die ihm ein Honorar von 200 Dollar bot, und er verkaufte Predigten im Wert von über 600 Dollar. Kurz darauf hielt mein Vater einen dreiwöchigen Erweckungsgottesdienst. Das Honorar betrug 1.500 Dollar, und die verkauften Kassetten brachten über 5.000 Dollar ein. Dieser Plan, den Gott meinem Vater gab, war eines der ersten Dinge, die ihn und seinen Dienst aus der Armut befreiten.

Gott hat einen Plan. Gott macht einen Weg, wo kein Weg ist. Der Weg, den er für dich bahnt, besteht darin, dir einen Ausweg zu geben. Du wirst in der Bibel keine Stelle finden, in der Gott sagt: „Überlasst alles mir, während ihr einfach da sitzt. Ich werde euch herausholen." Selbst in 2. Chronik 20:15, als Gott sagte: „Die Schlacht ist nicht eure, sondern Gottes Sache", gab es einen Plan. Sie mussten nach Ziz gehen und um den Sieg schreien. In dem Moment, als sie anfingen zu singen und Gott zu loben, schickte der Herr Hinterhalte gegen ihren Feind und befreite sie. Du hast immer eine Funktion zu erfüllen. Solange du deine Rolle nicht erfüllst, wird Gott seine nicht erfüllen.

Du brauchst ein Budget

„... Ein Narr gibt alles aus, was er bekommt."

Sprüche 21:20

Was ist ein Budget? Es ist wichtig, dass man weiß, welche Einnahmen man hat. Man muss wissen, welche Ausgaben anfallen. Man muss sie dokumentieren. Du solltest wissen, welche Rechnungen du hast. Wenn deine Rechnungen deine Einnahmen übersteigen, wirst du ein schweres Leben haben.

Wenn du jeden Monat 1.200 $ an Einnahmen und 1.400 $ an Rechnungen hast, warum verminderst du nicht direkt 500$ davon? Dann hast du jeden Monat 1.200 Dollar Einnahmen und 900 Dollar an Rechnungen. Kaufe keine Dinge basierend auf Glauben. Eine Wohnung bekommt man nicht durch Glauben. Du musst einen Plan machen. Sonst wirst du nie in den Überfluss kommen.

Die Ausgaben dürfen nicht einmal annähernd so hoch sein wie die Einnahmen. Wenn man 1.200 Dollar einnimmt, kann man kein Budget aufstellen, bei dem die Rechnungen 1.100 Dollar betragen. Man muss mögliche Reparaturen, Autozulassungen und den Ersatz von kaputten Gegenständen einkalkulieren. Wenn du zu 100 % von dem lebst, was du einnimmst, wirst du immer ein schwieriges und problematisches Leben haben.

Ein Plan für Wachstum

Wachstum ist ohne Planung unmöglich. Erstelle einen Finanzplan, wie du von dort, wo du jetzt bist, dorthin kommst, wo Gott dich haben will. Habe einen Plan für Wachstum. Bischof David Oyedepo sagte einmal, dass die monatlichen Fixkosten deines Unternehmens nie mehr als 30 % deiner Einnahmen betragen sollten. Die meisten Evangelisten, die ich kenne, überschreiten in der Regel diesen Prozentsatz oder geben alles aus, was sie haben. Ein sehr bekannter Evangelist führte seine Evangelisationen auf diese Weise durch. Wenn eine Evangelisation 300.000 Dollar kosten sollte, nahm er einen 90-Tage-Kredit über 300.000 Dollar auf. Er glaubte dann an Gott, dass er die 300.000 Dollar in den 90 Tagen aufbringen würde. Am Ende der Evangelisation feierten er und seine Mitarbeiter die Tatsache, dass sie den Kredit abbezahlen konnten - als wäre es ein Wunder gewesen.

Wenn du so vorgehst, wirst du mit null Dollar auf der Bank sterben. Deine finanzielle Last wird an deinen Nachfolger weitergegeben. Wenn die meisten Diener Gottes sterben, wird ihre Beerdigung als Möglichkeit genutzt, Geld zu sammeln oder als Opfergabe im Gedenken an die Person. Sie hinterlassen ihren Kindern kein Erbe oder Geld für den Dienst. Sie haben ihr ganzes Leben von Woche zu Woche, von Gehaltsscheck zu Gehaltsscheck und von Opfergabe zu Opfergabe gelebt.

Bis ich von Bischof Oyedepo hörte, wie sein Dienst funktioniert, glaubte ich, dass man alles ausgeben muss, was in den Dienst hinein kommt. Ich habe gelernt, dass man, wenn Gott einen mit mehr segnet, man mehr Wege findet, es auszugeben und den Dienst zu erweitern. Ein Dummkopf gibt alles aus, was er bekommt. Gott wird deine Vorratskammer mit Getreide füllen (5. Mose 28:8). Es ist ein großer Unterschied, ob man alles ausgibt, was man bekommt, oder ob man ein mit Getreide gefülltes Vorratshaus hat.

Zunächst schien es unmöglich zu sein, unseren Dienst so weit zu bringen, dass wir nur 30 % der Einnahmen verwenden würden. Ich beschloss jedoch, darauf hinzuarbeiten, dass unser Dienst diesen Punkt erreicht, um der Lehre von Bischof Oyedepo zu folgen. Als wir damit anfingen, merkten wir sofort, dass Gott unsere Bemühungen segnete. Heute betreiben wir unseren Dienst mit weniger als 30 % Fixkosten, was es uns ermöglicht, die Ressourcen aufzustocken.

Horten wir das Geld? Nein, wir schaffen die Gelder im Voraus an. Wenn es also an der Zeit ist, Gewerbeimmobilien zu kaufen oder Evangelisationen durchzuführen, müssen wir nicht 150.000 Dollar aus den Leuten herausprügeln, weil das Geld in drei Tagen fällig ist. Wir haben keine Schulden. Das Geld wird im Voraus für den nächsten Schritt aufbewahrt, den Gott von uns verlangt.

Wenn man eine Struktur hat, kann Gott einen wachsen lassen. Der Finanzberater unseres Dienstes ist Mitglied des Aufsichtsrats. Einmal sagte er mir, dass er beim Beten das Gefühl hatte, wir sollten ein Konto für Aktienspenden einrichten. In der achtjährigen Geschichte unseres Dienstes hatte noch nie jemand angeboten, Aktien an uns zu spenden. Trotzdem haben wir es in Angriff genommen. Er bereitete den Papierkram vor, und wir mussten nur noch unterschreiben, um Aktienspenden zu erhalten.

Eine Stunde nachdem Magalis, unsere Geschäftsführerin, den Papierkram für den Erhalt von Aktienspenden unterschrieben hatte, rief jemand aus Queens, New York, an. Er erklärte, er wolle unserem Dienst Aktien spenden. Wir stellten ein weiteres Gefäß zur Verfügung, in das Gott Öl gießen konnte. Sobald es fertig war, nutzte es jemand, um mehrere tausend Dollar an Aktien zu spenden. Plane für Wachstum; baue eine Struktur, die Gott segnen kann.

Finde heraus, wozu du berufen bist

„Ich kannte dich, bevor ich dich im Mutterleib formte. Noch bevor du geboren wurdest, habe ich dich auserwählt und dich zum Propheten für die Völker bestimmt."

Jeremia 1:5

Jeremia wusste, dass er schon im Mutterleib zum Propheten berufen war. Jeremia kannte das Volk und die Aufgabe, zu der er berufen war, weil Gott zu ihm sprach. Als mir ein Engel in meinem Zimmer erschien und sagte: „Jonathan, Gott hat dich für diese letzte Zeitspanne als Evangelist reserviert", verstand ich, wozu Gott mich berufen hatte. Als mir also eine Stelle als Jugendpastor in zwei verschiedenen Gemeinden angeboten wurde, musste ich nicht beten, sondern sagte einfach nein. Ich wusste, dass meine Aufgabe darin bestand, Evangelist zu sein, nicht Jugendpastor.

Du musst wissen, wozu du berufen bist. Ich spreche nicht nur vom Dienst, ich spreche von allem. Wenn du berufen bist, Mechaniker zu werden, welche Art von Mechaniker bist du dann? Je mehr du dich darauf konzentrierst, wozu du berufen bist, desto produktiver wirst du sein.

Für wen bin ich berufen?

Paulus war der Apostel für die Heiden. Als er versuchte, den Juden zu predigen, war er ein völliger Versager. Petrus war zu den Juden berufen und hatte keinen großen Erfolg bei den Heiden. Du musst nicht nur wissen, *wozu* du berufen bist, sondern auch, *für wen* du berufen bist.

Wenn du in der Wirtschaft tätig bist, versuchst du dann, arme Menschen zu erreichen? Versuchst du, Menschen mit mittlerem Einkommen zu erreichen? Oder versuchst du, Menschen mit hohem Einkommen zu erreichen? Es ist ein großer Unterschied, ob man ein Steak im Burgerking oder in einem professionellen Steak House isst.

Beide Restaurants sprechen zwei unterschiedliche Märkte an. Das professionelle Steak House versucht nicht, Familien mit vier Kindern zu erreichen, die in Shorts und T-Shirts gekleidet sind und drei Kilo Essen pro Person zu einem niedrigen Preis verzehren wollen. Es ist nur auf der Suche nach anspruchsvollen Gästen, die ein paar Stunden Zeit haben, um sich zu entspannen und zu essen. Sie wollen dich dort halten, damit du mehr Geld für Vorspeisen, Desserts und Wein ausgeben kannst. Burgerking unternimmt keine Anstrengungen, um diese Zielgruppe zu erreichen. Sie werben für Essen zu einem niedrigen Preis. Sie kennen ihren Zielmarkt.

Beide Restaurants kennen ihren Zielmarkt. Genauso solltest du die Zielgruppe kennen, die du in deinem eigenen Unternehmen erreichen willst.

An welchem Ort liegt meine Berufung ?

Jona war ein Prophet, der so mächtig gesalbt war, dass er innerhalb weniger Tage die ganze Stadt Ninive erschütterte. Doch als er sich auf einem Schiff befand, das in die falsche Richtung fuhr, wurde er mehr verflucht als die heidnischen Seeleute, die ihn begleiteten. Es ist wichtig, dass man am richtigen Ort ist. Gott hat einen bestimmten Platz für dich. Du musst wissen, *wo du hingehörst* und vollenden, wozu Gott dich berufen hat.

Ich kenne Menschen, die früher großartige Dienste in anderen Ländern geleistet haben. Als sie sich dann darauf fixierten, in Amerika zu predigen, verloren sie ihre Effektivität und landeten bei kleinen Versammlungen. Das Gleiche passiert mit Pastoren, wenn sie Amerika erschüttern und dann beschließen, ins Ausland zu gehen um dann nicht annähernd so erfolgreich wie vorher sind. Du musst wissen, wohin du berufen bist.

Greife kontinuierlich auf das erforderliche Wissen zu

Erforderliches Wissen bedeutet all das Wissen, welches sich auf das bezieht, wozu Gott dich berufen hat. Als ein Prediger habe ich unzählige Bücher von mächtigen Männern Gottes gelesen. Aber ich lese nicht nur Bücher, die von irgendjemandem geschrieben wurden. Ich habe noch nie ein Buch darüber gelesen, wie schwer der Dienst ist oder wie sehr sich ein Pastor im Dienst abmüht. Ich suche mir erfolgreiche Menschen in meinem Bereich und lese alles, was sie geschrieben haben. Ihre Texte schleifen mich. In Hebräer 6:12 heißt es: „**... ahmt denen nach, die durch Glauben und Geduld die Verheißungen [Gottes] erben**" (aus dem englischen Bibeltext der NKJV übersetzt). Wenn ich ihnen folge, kann ich ein Buch lesen und alles aufnehmen, wofür sie 60 Jahre gebraucht haben. Danach kann ich dieselben Grundsätze in meinem eigenen Dienst umsetzen.

Ein Freund von mir besitzt ein Bauunternehmen. Irgendwann stieß er an eine Grenze, weil er keine neuen Kunden mehr bekam. Seine Einnahmen gingen zurück und er wurde langsam depressiv. Ich fühlte mich vom Heiligen Geist geleitet, ihm einen Besuch abzustatten. Als ich vorbeikam, las er gerade *„Die Gaben und das Wirken des Heiligen Geistes"* von Dr. Lester Sumrall. Ich fragte ihn, welche Bücher er über das Bauwesen habe, und er sagte mir, keine. Ich erklärte ihm, dass sein Geschäft nicht deshalb so schlecht lief, weil es ihm an den Gaben des Geistes mangelte. Er müsse ein Buch darüber lesen, wie er sein Geschäft ausbauen könne. Er musste ein Buch von jemandem finden, der in seinem Bereich Erfolg hatte, und lesen, wie diese Person Kunden gewann, die Preisgestaltung gestaltete und so weiter.

Meiner Meinung nach sollte man genauso viel Zeit mit dem Lesen oder Hören von Materialien verbringen, die sich auf das eigene Geschäft beziehen, wie mit dem Lesen und Hören von geistlichen Dingen. Informationen sind heute leichter verfügbar als je zuvor. Man kann sich auf YouTube kostenlos Videos von Referenten ansehen, die Seminare veranstalten, deren Teilnahme Hunderte oder Tausende von Dollar kostet. Noch nie war es so einfach, an Informationen heranzukommen wie jetzt. Alles ist auf Knopfdruck verfügbar, und das meiste davon ist kostenlos.

Die meisten Menschen tun sich schwer, weil sie ihr Wissen in dem Bereich, zu dem Gott sie berufen hat, nicht kultivieren. Ein Buchhalter untersuchte einmal seine reichen und armen Kunden und stellte ein Muster fest. Eines der Dinge, die seine reichen und armen Kunden voneinander trennten, war, wie sie ihre Zeit verbrachten. Nehmen wir zum Beispiel an, dass die Menschen eine Stunde pro Tag im Auto verbringen. Arme Menschen nutzen diese Zeit, um Top-40-Musik, Sportradio, Nachrichten und Politik zu hören. Reiche Menschen nutzen diese Zeit, um Hörbücher und Podcasts zu hören, die mit ihrem Geschäft zu tun haben. Wenn du reich sein willst, mach es den Reichen nach. Sie verschwenden ihre Zeit nicht mit Unsinn, wie Debatten darüber, wer der Vater des Babys eines Prominenten ist.

Nutze diese Zeit und investiere sie in Wissen. In Sprüche 11:9 heißt es: „**Mit ihren Worten verderben die Gottlosen ihre Freunde, aber die Erkenntnis wird die Gerechten retten.**" Wissen ist eine Rettung. Die Bibel sagt, dass mein Volk aus Mangel an Erkenntnis zerstört wird (Hosea 4:6). Es gibt Menschen, die zerstört werden, aber es ist nicht der Teufel, der sie zerstört. Es ist ihr eigener Mangel an Wissen, der sie zerstört. Mangelnde Erkenntnis führt zu Gefangenschaft (Jesaja 5:13). Die Menschen werden in den Gefängnissen von Armut und Krankheit gefangen gehalten, und es ist ihr eigener Mangel an Wissen, der sie dort festhält.

In Jesu Namen, das wirst du niemals sein! Dieselbe Gnade, die dich zu diesem Buch geführt hat, ist die Gnade, die dich veranlassen wird, nach der Erkenntnis Gottes zu streben. Das Wissen und die Weisheit, die Gott gibt, wird dich dazu bringen, große Dinge im Leben zu tun.

Kapitel 9

Gott an seinen Bund erinnern

„Erinnere dich an den Herrn, deinen Gott. Er ist derjenige, der dir die Kraft gibt, erfolgreich zu sein, damit er den Bund erfüllt, den er deinen Vorfahren mit einem Eid bestätigt hat."
5. Mose 8:18

Ich werde nie den Tag vergessen, an dem unser Dienst 1 Million Dollar erhielt. Ich werde mich immer an den Moment erinnern, als der Pastor uns einen Zettel mit der Summe der Opfergabe überreichte. Meine Frau nahm sofort ihr Gebetbuch heraus und schlug einen Zettel auf, den sie an diesem Tag geschrieben hatte: „Vater, du hast versprochen, dass wir das 30-, 60- oder 100-fache von dem zurückbekommen, was wir im letzten Jahr gegeben haben. Bei einer 30-fachen Rendite stehen uns 17 Millionen Dollar zu. Ich hätte gerne die erste Million schon heute." Das war ihr Gebet, und an diesem Abend legte jemand 1 Million Dollar in den Opferkorb. Beachte, dass Adalis nicht einfach den Anspruch erhob, 1 Million Dollar zu erhalten, denn dieses Prinzip findest du nicht in der Heiligen Schrift.

Adalis fand in der Bibel die Stelle, an der Gott sagte, dass jeder, der einen Samen gibt, einen 30-, 60- oder 100-fachen Ertrag produziert. Sie sagte: „Gott, ich weiß, dass du kein Lügner bist. Wir sind auf 17 Millionen angewiesen. Ich hätte gerne die erste Million heute Abend", und Gott erhörte ihr Gebet. Der Glaube meiner Frau hat mich mehr schockiert als das Geld. Ich war froh, dass ich sie nicht beten hörte, denn sonst hätte ich sie vielleicht entmutigt. Selbst wenn ich nichts gesagt hätte, hätte ich zumindest gedacht: „Das ist ein bisschen lächerlich. Wir sind in einer Kirche mit weniger als 200 Leuten und sie will heute Abend 1 Million Dollar? Ich habe noch nie von so etwas gehört."

In 1. Johannes 5:14-15 heißt es: **„Das ist aber die Zuversicht, die wir in ihm haben, dass, wenn wir etwas nach seinem Willen erbitten, er uns erhört. Und wenn wir wissen, dass er uns hört, was auch immer wir bitten, so wissen wir, dass wir diese Bitten haben, welche wir von ihm erbeten haben"** (aus dem englischen Bibeltext der NKJV übersetzt). Meine Frau hat Gott beim Wort genommen und er hat nicht versagt. Es gibt eine Art zu beten. Der Vers besagt nicht, dass er uns eventuell das gibt, worum wir bitten, *sondern dass er uns geben wird, worum wir bitten.* Es gibt jedoch die Bedingung, dass wir nach Seinem Willen bitten müssen.

Was bedeutet es, Gott an seinen Bund zu erinnern? Man könnte meinen, da Gott die Bibel geschrieben hat, sei es überflüssig, ihn an seinen Bund zu erinnern. Du glaubst, dass Gott es nicht nötig hat, dass du ihn an das erinnerst, was er gesagt hat. Andererseits heißt es in Jesaja 43:26: **„Erinnere mich; lass uns gemeinsam bitten; trage deine Sache vor, damit du gerechtfertigt wirst"** (aus dem englischen Bibeltext der MEV übersetzt). Wie ein Anwalt, macht das wirksame Gebet aus Gottes Wort einen biblischen Fall. Es erinnert ihn daran, was er gesagt hat, plädiert für diesen Fall, deklariert ihn und erhält seine Rechtfertigung.

> **„‚Bringt eure Anliegen vor', sagt der Herr. ‚Bring deine starken Gründe vor', spricht der König Jakobs."**
>
> Jesaja 41:21
> (Aus dem englischen Bibeltext der NKJV übersetzt)

Wirksames Gebet ist nicht durch Weinen definiert. Kannst du dir vorstellen, dass dein Anwalt im Gerichtssaal, wenn es an der Zeit wäre, deine Verteidigung vorzutragen, anfangen würde zu weinen? Stell dir vor, er würde flehen: „Euer Ehren, bitte, bitte nicht. Mein Mandant ist ein so netter Mensch. Er verdient es nicht, ins Gefängnis zu gehen." Wenn dein Anwalt so reden würde, wärst du erledigt. Dann kannst du auch gleich den orangefarbenen Gefängnisanzug und die Handschellen bereitlegen. Wie viele Christen denken, dass Gebet einfach nur ein weinerliches Flehen an Gott ist? „Oh Herr, ich mache das schon so lange durch. Ich habe kein Geld. Ich brauche deine Hilfe." Diese Art von Gebet wird nicht funktionieren.

Die Bibel sagt, dass Gott durch Gebet zum Handeln bewegt wird. Im Buch Daniel Kapitel 10 verbrachte Daniel 21 Tage mit Fasten und Beten, weil er Jeremias Prophezeiung gelesen hatte, wie lange das Volk Gottes in Babylon in Gefangenschaft bleiben sollte. Es belastete ihn, dass die Zeit bereits verstrichen war und das Volk Gottes immer noch in Gefangenschaft war. Daniel betete und sagte dem Herrn: „Du hast in deinem Wort gesagt, dass die Zeit unserer Gefangenschaft vorbei ist, und doch sind wir immer noch gefangen. Ich habe nachgerechnet. Wir müssen nicht mehr in Gefangenschaft sein. Ich will eine Antwort." Am 21. Tag kam ein Engel und sagte: „Vom ersten Tag an, an dem du gebetet hast, wurde ich mit deiner Antwort gesandt. Aber 21 Tage lang hielt mich der Fürst des Königreichs Persien auf. Doch es wurde weitere Hilfe von Engeln freigesetzt, und ich wurde mit deiner Antwort gesandt." Wenn man Gott anhand seines Wortes etwas vorträgt, löst es beantwortete Gebete aus.

Bischof David Oyedepo sagte einmal, dass er bei seinen Gebetsanliegen immer mindestens vier Bibelstellen pro Anliegen verwendet. Wenn du betest, solltest du das auch tun. Bete so: „Vater, du hast dies in deinem Wort gesagt. Ich weiß, dass du kein Mensch bist, sodass du lügen würdest, noch ein Menschensohn, der seinen Sinn verändert. Du hast es gesagt, und es ist wahr."

Obwohl Gott gesagt hatte, dass Israel nur für eine bestimmte Anzahl von Jahren in Gefangenschaft sein würde, geschah nach Ablauf dieser Zeit nichts. Um die Gefangenschaft Israels zu beenden, brauchte es jemanden, der wusste, was Gott versprochen hatte - um zu beten und eine Antwort zu erhalten.

So war es auch bei der Geburt von Jesus. Es gab nicht nur eine Prophezeiung, dass Jesus geboren werden würde, sondern es gab auch Menschen wie Anna, die die Schrift studiert hatten und erkannten, dass es an der Zeit war, den Messias zu gebären. Sie diente dem Herrn mit Fasten und Gebet und sagte: „Ich möchte den Messias sehen. Herr, es ist Zeit, dass der Messias kommt, so sagt es dein Wort. Ich will nicht sterben, bis ich ihn sehe." Als Jesus geboren wurde, wusste sie, dass er der Messias war. Sie freute sich, weil sie die Antwort auf ihr Gebet erhalten hatte. Suche im Wort Gottes und finde die Bibelstellen zu deinen Anliegen.

Meine Frau hat nicht einfach gesagt: „Oh Gott, bitte gib uns 1 Million Dollar." Sie argumentierte: „Du hast gesagt, wenn wir säen, bekommen wir das 30, 60 oder 100-fache zurück. Ich gebe dir den Vorteil des Vertrauens. Ich verlange nicht das 100-fache, sondern dein Minimum des 30-fachen. Ich habe die Zahlen aus unseren Finanzkonten, die zeigen, was wir im letzten Jahr gegeben haben, und wir sind 17 Millionen Dollar im Rückstand. Ich fordere diese Summe jetzt an, in Übereinstimmung mit deinem Wort. Ich hätte gerne die erste Million dieser 17 Millionen Dollar bis heute Abend." Gott wurde nicht böse auf Adalis, weil sie dieses Gebet gesprochen hatte. Im Gegenteil, er hat ihr Gebet erhört, denn in der Bibel steht, dass er sich an solchen Gebeten erfreut.

„So lasst uns nun mutig zum Thron der Gnade treten, damit wir Barmherzigkeit erlangen und Gnade finden, die uns hilft, wenn wir in Not sind."

Hebräer 4:16
(Aus dem englischen Bibeltext der NKJV übersetzt)

Bete nicht wie ein Bettler und sage: „Oh Gott, ich weiß nicht, was ich tun soll. Herr, wenn du mir doch nur helfen könntest." Das ist kein Beten. Beim Beten geht es darum, herauszufinden, was Gott zu deinem speziellen Fall in seinem Wort gesagt hat, und dann deinen Fall dem Herrn vorzutragen.

In Oregon begann ein Radiosender, meine Programme zweimal täglich zu spielen. Ich verdanke dies dem effektiven Gebet. Ich betete und bat Gott: „Vater, du hast in 2. Petrus 3:9 gesagt, dass du nicht willst, dass jemand verloren geht, aber du gibst allen mehr Zeit, um Buße zu tun. Du wartest darauf, dass mehr Menschen gerettet werden. Du *willst*, dass mehr Menschen gerettet werden. Ich kann helfen, wenn du mir mehr Plattformen öffnest, um das Evangelium zu predigen und unser Programm zu verbreiten. Ich bitte dich, das jetzt zu tun, denn du willst, dass es geschieht. Du hast es in deinem Wort gesagt. Ich erinnere dich daran und bitte dich darum." Innerhalb von 12 Stunden nach diesem Gebet meldete sich der Radiosender aus Oregon bei uns. Sie sagten: „Wir haben uns Ihre Videos angesehen und würden Ihre Predigten gerne kostenlos in unserer Radiosendung spielen. Wir machen den Schnitt. Wir bitten nur um die Erlaubnis, es zu senden." Brüder und Schwestern, Gott ist nicht zögerlich, Gebete zu erhören!

Was sagt Gottes Wort über finanziellen Reichtum? Wenn du meinst, die Bibel sei für Armut, dann werden deine Gebete nicht dazu beitragen, Gottes Plan zu beschleunigen. Das Gebet ist kein Ersatz für die Saat. Das Gebet ist kein Ersatz für das Geben. Gott hat nichts Gutes über Armut zu sagen. Die Bibel spricht davon, dass die Armut der Armen ihr Verderben ist und der Reichtum der Reichen ihre Sicherheit (Sprüche 10:15).

Jeder, der in der Bibel mit Gott in Kontakt kam und seine Gebote befolgte, wurde gesegnet und nicht verflucht. Die Bibel garantiert die Fähigkeit, über der Not zu leben. Gott wollte, dass es keine armen hebräischen Kinder gibt, als er sie in das gelobte Land führte. In 5. Mose 15:4 heißt es: **„Es soll keine Armen unter euch geben; denn der Herr, dein Gott, wird dich sehr segnen in dem Land, das er dir als besonderes Eigentum gibt."**

Gott hat uns die Fähigkeit gegeben, über der finanziellen Not zu leben:

„... Der Herr ist mein Hirte, mir fehlt es an nichts."

Psalm 23:1
(Aus dem englischen Bibeltext der NIV übersetzt)

Wir haben die Fähigkeit, über der finanzielle Not zu leben. **„Nicht, dass ich jemals in Not gewesen wäre..."** (Philipper 4:11). Erinnere Gott an seinen Bund. Als er das Gebet meiner Frau erhörte und wir die 1 Million Dollar erhielten, zeigte sie dem Pastor gelassen ihren Tagebucheintrag und sagte: „Es wird noch viel mehr geben, von dort wo es her kommt." Das Vertrauen meiner Frau gründet sich auf Gottes Wort. Sie weiß, dass sie sich mit ihrem Anliegen an Gott wenden kann und dass Gott sein Wort niemals verleugnen wird.

Gott hat deklariert, dass wir nur verleihen und niemals borgen sollen:

Beanspruche 5. Mose 28:11 für dein Leben, wenn du dich bereit machst, umzuziehen. Die Bibel sagt, dass der Herr zur rechten Zeit Regen aus seiner reichen Schatzkammer im Himmel schicken wird und alle Arbeit segnen, die du tust. Du wirst vielen Völkern etwas verleihen, aber du wirst nie etwas von ihnen borgen müssen (5. Mose 28:11).

Bete dieses Gebet: *„Vater, ich danke dir, dass du mich in diese Richtung führst. Ich danke dir, dass du mir in deinem Wort gesagt hast, ich solle nur verleihen und niemals borgen. Ich danke dir, dass es einen Weg gibt, der es mir ermöglicht, niemals zu einer Bank zu gehen und Papierkram auszufüllen, um irgendeinen Heiden davon zu überzeugen, mir Geld zu leihen. Du bist mein Gott, der alles hat. Du bist mein Versorger und du wirst für mich sorgen."*

Gott hat einen Überfluss an mühelosem Reichtum angeordnet, der es dir ermöglichen wird, ein Segen zu sein:

„Es blieb immer genug Mehl und Olivenöl in den Behältern, so wie der Herr es durch Elia verheißen hatte."

1. Könige 17:16

Gottes Wort deklariert einen Überfluss an mühelosem Reichtum, der dich befähigt, ein Segen für dein Land zu sein. In Galater 3 sagt Gott viermal, dass dieselben Segnungen und

Verheißungen, die Abraham gegeben wurden, auch allen zuteil werden, die ihren Glauben auf Jesus Christus setzen. „Du bereitest mir ein Festmahl im Angesicht meiner Feinde. Du ehrst mich, indem du mein Haupt mit Öl salbst. Mein Becher fließt über vor Segen" (Psalm 23:5).

Gott an seinen Bund zu erinnern, gilt für jeden Bereich deines Lebens. Wenn du sagst: „Oh Gott, heile mich. Oh Gott, ich glaube, du bist ein Heiler" - das bedeutet gar nichts. Finde Bibelstellen, in denen Gott versprochen hat, dir Lebenskraft zu geben.

„...Wie deine Tage, so wird deine Kraft sein."

5. Mose 33,25
(Aus dem englischen Bibeltext der NKJV übersetzt)

„Wer im Haus des Herrn gepflanzt ist, wird in den Vorhöfen unseres Gottes gedeihen. Sie werden noch im hohen Alter Früchte tragen, sie werden frisch und blühend sein."

Psalm 92:13-14
(Aus dem englischen Bibeltext der NKJV übersetzt)

Ich kann nicht oft genug betonen, wie wichtig es ist, Gottes Wort zu studieren und herauszufinden, was die Bibel zu bestimmten Bereichen des Lebens sagt. In 3. Johannes 2:2 heißt es zum Beispiel: **„Ihr Lieben, ich bete, dass es euch in allen Dingen wohl ergehe und ihr gesund seid, wie es auch eurer Seele wohl ergeht"** (aus dem englischen Bibeltext der NKJV übersetzt). Lies nach, was die Bibel über finanziellen Reichtum und Heilung sagt, denn das sind die beiden Bereiche, die der Teufel am meisten angreift.

Finde als Nächstes heraus, was die Bibel darüber sagt, dass dein Sinn in Frieden ist, dass du schlafen kannst und frei von Angst lebst. Suche nach Bibelstellen wie Jesaja 26:3, wo es heißt: **„Du bewahrst in vollkommenem Frieden alle, die auf dich vertrauen, alle, deren Gedanken auf dich gerichtet sind!"** Beanspruche diese Bibelstellen im Gebet. Sage: „Vater, ich danke dir, dass ich mir nie Sorgen machen muss", und trage dann deinen Fall aus der Bibel vor. Bete mit Mut. Bete mit Erwartung. Bete ohne Unterlass und übe deine Autorität über den Teufel aus. Bete mit Danksagung. Verwende den Namen von Jesus. Bete von Herzen im Geist und Gott wird dein Gebet erhören!

Im Gegensatz dazu sollte man das Gebet nicht für Dinge einsetzen, die nach der Bibel nicht möglich sind. Zum Beispiel kann man sich nicht aus der Armut heraus beten. Du kannst Gott so viele Bibelstellen zitieren, wie du willst, aber wenn du nichts säst, wird es auch nicht die versprochene Ernte geben. Sobald du etwas gesät hast, bete dies: *„Vater, ich danke dir, dass du die Hand, die meine Ernte zurückgehalten hat, heute abgeschnitten hast. Du hast gesagt, du würdest die Fenster des Himmels öffnen und einen Segen ausschütten, der so groß ist, dass ich ihn nie komplett aufnehmen könnte. Ich danke dir, dass nichts deine Fähigkeit, dies zu tun, beeinträchtigen kann. Das empfange ich heute, in Jesu Namen."*

Das Gebet eines Gerechten hat große Macht und führt zu wunderbaren Ergebnissen. Es wird zu deiner Überholspur in einer Welt des finanziellen Reichtums (wenn du treu im Geben warst, worüber wir zuvor gesprochen haben). Wer weiß, in welcher finanziellen Situation ich heute wäre, wenn meine Frau nicht so mutig im Gebet gewesen wäre? Ihr Gebet hat Resultate bewirkt. In ähnlicher Weise wird auch dein Gebet zu Ergebnissen führen.

Pastor Adeboye, der als Mann des Gebets bekannt ist, betete zu Gott: „Mein Gebet heute ist: Herr Jesus, bitte mach mich zu dem, was du von mir erwartest. Nicht mehr, nicht weniger, keine Abkürzungen. Deine Route."

Lass uns das in dem Verständnis beten, dass es nicht bedeutet: „Wenn du willst, dass ich klein bin, ist das in Ordnung. Wenn du willst, dass ich jemand bin, der Einfluss hat, dann ist das auch in Ordnung." Nein, wir wissen, dass Gott gesagt hat: „Ich werde dich segnen und dich groß machen." Wir sagen ihm, dass wir an diesen Plan glauben, und wir bitten ihn, diese zu erfüllen.

Lass mich für dich beten: *Herr Jesus, mach die Menschen, die dies lesen, zu dem, wozu du sie machen willst - nicht mehr und nicht weniger. Lasse nicht zu, dass sie in Versuchung kommen, eine Abkürzung zu nehmen, wie Abraham es mit Ismael tat. Zeig ihnen deine Route. Lass sie auf diesem Weg bleiben und niemals davon abweichen. Ich danke dir dafür. Salbe sie heute neu. Benutze sie, um den Teufel aus dieser Nation und aus den Städten dieser Nation zu vertreiben. Bringe die Menschen zurück zu dir. Ich bete, dass sie deinen Willen für ihr Leben nicht um einen Schritt verfehlen. Lass sie einen geraden Weg für ihre Füße auf deiner Route markieren und nie einen Schritt nach links oder rechts machen. Ich gebe dir das ganze Lob, die ganze Ehre und den ganzen Ruhm. In dem mächtigen Namen Jesu Christi, Amen.*

Kapitel 10

Fleiß

„Siehst du einen Mann, der fleißig im Geschäft ist? Er wird vor Königen stehen; er wird nicht vor unbedeutenden Leuten stehen."

Sprüche 22:29
(Aus dem englischen Bibeltext der MEV übersetzt)

Fleiß ist meiner Meinung nach das Prinzip, bei dessen Einhaltung der Leib Christi am meisten versagt. Fleiß in dem, wozu Gott dich berufen hat, ist die Garantie für deinen Aufstieg an die Spitze - wo dir niemand im Weg stehen kann. Wenn du der Beste in dem bist, was du tust, interessiert es niemanden, wie du aussiehst, welche Hautfarbe du hast oder wie alt du bist. Die Leute sagen oft: „Niemand gibt mir eine Chance, weil ich jung bin... Niemand gibt mir eine Chance, weil ich schwarz bin... Niemand gibt mir eine Chance, weil ich eine Frau bin." Dieser ganze Quatsch ist hinfällig, wenn man der Beste in dem ist, was man tut.

Die meisten Amerikaner haben die Geschichte von Jackie Robinson gehört, dem ersten afroamerikanischen Baseballspieler, der in der Major League Baseball (MLB) spielen durfte. Die Ligen waren damals noch getrennt, als die Dodgers Jackie Robinson unter Vertrag nahmen und damit das Ende der Rassentrennung im Profi-Baseball erklärten. Glaubst du, dass der Besitzer der Dodgers weniger rassistisch war als die Besitzer der anderen MLB-Teams? Sie haben Robinson nicht eingestellt, um eine Bürgerrechtsbewegung zu starten; sie haben ihn wegen seines Talents unter Vertrag genommen. Sie erkannten, dass er als Second-Base-Spieler extrem talentiert war, und der Besitzer dachte wahrscheinlich: „Es ist mir egal, dass er schwarz ist, denn er wird mir helfen zu gewinnen. Er wird mir helfen, mehr Eintrittskarten zu verkaufen und mir dadurch mehr Geld einbringen." Rassismus gibt es überall. Es gibt rassistische Besitzer der National Football League (NFL), die mit Freude ein komplett schwarzes Team unter Vertrag nehmen würden, wenn es ihnen zum Sieg verhelfen würde.

Wenn man hört, wie sich Menschen darüber beschweren, dass sie nie etwas bekommen und sich nie etwas tut, könnte es daran liegen, dass es ihnen an Exzellenz mangelt. Wenn man der Beste ist, kümmert sich niemand um Dinge, die anderen wichtig sind. Jemand könnte sagen: „In meiner Kirche darf ich nicht Schlagzeug spielen, weil der Sohn des Pastors spielt." Da muss ich widersprechen: Wenn du ein phänomenaler Schlagzeuger wärst, würden sie dich spielen lassen. Der Lobpreisleiter würde mit dem Pastor sprechen und sagen: „Bitte lassen Sie diesen Mann wenigstens am Mittwoch- und Sonntagabend Schlagzeug spielen." Wenn der Rest der Gemeinde dich dann spielen hört, werden die Leute fragen: „Warum lasst ihr diesen Kerl nicht die ganze Zeit spielen? Er ist Weltklasse."

Ausreden sind Krücken. Der faule Mensch sagt: „Die Dinge laufen nicht gut für mich, weil ich zu jung bin... ich zu alt bin... Ich bin schwarz... Sie mögen keine Ausländer." Wenn du der Beste bist, wird sich niemand daran erinnern, wie du aussiehst. Sie werden sich in erster Linie daran erinnern, wie hervorragend das Produkt ist, das du produziert hast.

Wie definiert man Fleiß? Fleiß ist eine Eintrittskarte nach oben. Fleiß ist nicht harte Arbeit. Fleiß ist harte, *exzellente* Arbeit. Ich weiß absolut nichts über die Reparatur von Automotoren. Wenn ich ein Unternehmen gründen würde, um Automotoren zu reparieren, würde ich vielleicht Tag und Nacht hart arbeiten. Gleichzeitig wäre ich ständig frustriert, weil ich tagein tagaus ein Hindernis nach dem anderen überwinden müsste.

Wenn die Kunden dann drei Tage später anrufen, um nach ihrem Auto zu sehen, ist es in einem schlechteren Zustand, als sie es hinterlassen haben. Ich wäre innerhalb von zwei Wochen aus dem Geschäft, wenn die Leute merken, dass ich überhaupt keine Ahnung habe, was ich da tue. Verärgert würde ich sagen: „Mann, ich habe diese zwei Wochen hart gearbeitet. Die Leute interessiert das nicht. Sie verstehen nicht, dass es sehr lange dauert, einen Automotor zu reparieren." Ich mag zwar hart arbeiten, aber ich bin nicht exzellent in dem, was ich tue. Außerdem ist es nicht nur harte Arbeit. Es ist harte, *exzellente Arbeit*. Wenn du auf dem Gebiet, zu dem Gott dich berufen hat, harte, exzellente Arbeit leisten willst, müssen drei Faktoren zusammenkommen: Du musst deine Richtung kennen, du musst die Voraussetzungen kennen und du musst tun, was dafür erforderlich ist.

Kenne deine Richtung

Wohin gehe ich? Wozu bin ich berufen? Wie ich bereits in früheren Kapiteln erwähnt habe, wirst du umso besser sein, je spezifischer du weißt, wozu Gott dich berufen hat. Es reicht nicht aus, zu wissen, dass ich zum Vollzeit-Dienst berufen bin. Als der Engel sprach und anordnete: „Du bist berufen, ein Evangelist zu sein", habe ich mich auf die Evangelisation konzentriert. Ich habe mich nicht in der Pastorenarbeit versucht. Ich habe nicht in Betracht gezogen, Jugendpastor zu werden. Ich habe nicht gesagt: „Nun, dann werde ich wohl Pastor, bis meine Versammlungen zunehmen." Ich wusste, in welche Richtung ich gehen wollte und weigerte mich, einen anderen Weg einzuschlagen. Wenn du deine Richtung nicht kennst, wirst du aufgeben. Wenn die Dinge zu trocknen oder schwierig erscheinen, wirst du dir selbst sagen: „Vielleicht sollte ich etwas anderes tun." Hole dir die göttliche Führung von Gott!

Um exzellent zu sein, muss man davon überzeugt sein, wozu man berufen ist, und zwar aus voller Überzeugung. Andernfalls wird man als einer der Menschen abgestempelt, die von einer Sache zur anderen gehen. Auf meinen Reisen treffe ich immer wieder Menschen, die scheinbar ständig eine neue Geschäftsidee umsetzen wollen. Im Gespräch erwähnen sie nicht das Unternehmen, das sie vor zwei Jahren gegründet haben. Sie gehen einfach zur nächsten Sache über. Finde deine Richtung und bleibe dabei.

Wenn ich meine Frau auffordern würde, mit mir ins Auto zu steigen, wäre die erste Frage, die sie stellen würde: „Wohin fahren wir?" Das ist eine intelligente Frage. Die meisten Menschen gehen durch ihr ganzes Leben, ohne eine bestimmte Richtung zu haben. Es ist, als ob sie in das Auto des Lebens einsteigen und losfahren, ohne ein Ziel vor Augen zu haben - wo auch immer man landet, man kommt einfach an. Bischof David Oyedepo sagt: „Wenn du nicht weißt, wohin du gehst, scheint alles das richtige zu sein."

Wenn Menschen nicht wissen, wohin sie gehen, werden sie einfach irgendwo landen. Hätte Josef nie seinen Traum von Gott bekommen (in dem sich die Völker der Welt vor ihm verneigen würden), wäre sein Umgang mit Potiphars Frau vielleicht anders gewesen. Als sie sich ihm angeboten hat, könnte er, auch wenn er sich nicht zu ihr hingezogen fühlte, versucht gewesen sein zu denken: „Wenn ich sie heirate, bin ich kein Sklave mehr. Ich werde in diesem Haus leben können. Mir wird die Hälfte des Anwesens gehören." Aber Josef kannte seine Richtung. Er hatte sein Ende bereits gesehen und wusste, dass es nicht in Potiphars Haus sein würde. Stattdessen konnte er deklarieren: „Ich habe mein Ende gesehen. Der Herr hat mir gezeigt, was ich tun werde, bevor alles gesagt und getan ist."

Kenne deine Richtung. Niemand kann sie für dich entschlüsseln, nur Gott. In Sprüche 3:6 heißt es: **„Erkenne Ihn auf all deinen Wegen an, und Er wird deine Pfade leiten"** (aus dem englischen Bibeltext der NKJV übersetzt). Alles beginnt mit der göttlichen Führung.

Kenne die Voraussetzungen

Herauszufinden, was nötig ist, ist ein entscheidender Schlüssel dafür, dass Gott das Werk deiner Hände gedeihen lässt. Mach dich damit vertraut, was nötig ist, damit dein Unternehmen das beste ist. Habe Gewissheit über die Richtung, in die du gehst. Finde heraus, welches Geschäft, welche Idee oder welche Gabe Gott dir gegeben hat - und mach dir dann bewusst, was notwendig ist, um es zu erreichen.

Lass mich ein paar allgemeine Beispiele von Vorraussetzungen nennen, die für jeden gelten, egal in welchem Beruf. Exzellenz sollte sich in allem zeigen, was mit dir in Verbindung steht. Ich bin erstaunt, wie viele Menschen im Dienst völlig veraltete Websites haben. Wenn man auf den Kalender ihrer Website klickt, wird man feststellen, dass er seit Monaten nicht mehr aktualisiert wurde. Wenn man auf den Blog des Pastors klickt, findet man einen Eintrag von vor drei Jahren. Nimm zumindest den Blogbeitrag herunter, den du nicht aktualisiert hast - das sieht einfach schlecht aus. Ansonsten werden Leute sehen, dass du nicht zu Ende bringst, was du angefangen hast.

Wenn man auf der Webseite auf die Seitenleiste auf „Medien" klickt, erscheint ein Bildschirm mit der Aufschrift „demnächst". Seit 18 Monaten steht das dort. Wenn man den Verantwortlichen fragt, lautet die Antwort: „Ben, unser Medienexperte, hat gesagt, dass er es machen wird, aber er hat es noch nicht gemacht. Eigentlich haben wir ihn drum gebeten." Wenn die Leute deine uninspirierte Website anschauen, denkt niemand: „Oh, Ben hat es einfach noch nicht gemacht." Sie werden sagen: „Diese Kirche und dieser Pastor haben eine schreckliche Website." Sofort wirft das ein schlechtes Licht auf dich, den Pastor oder Geschäftsinhaber.

Es darf keine Ausreden dafür geben, dass Dinge nicht erledigt werden. Wenn einer von euch zu einem Freund sagt: „Du musst unbedingt kommen und dir diesen Jonathan Shuttlesworth anhören" und er macht eine Google-Suche nach mir - was kommt dabei heraus? Wenn es dann irgendein

Video oder Audio mit schlechter Qualität ist, werden sie sich höchstwahrscheinlich nicht für meinen Dienst interessieren.

Wenn Menschen nach deinem Unternehmen oder deiner Firma suchen, wird ihr erster Eindruck auf dem basieren, was sie finden. Deshalb bezahlen so viele Unternehmen Firmen, um zu kontrollieren, was in ihrer öffentlichen Google-Suche erscheint. Wenn sie auf ein Video von mir stoßen, in dem ich in einer Kirche mit 6.500 Plätzen spreche, mit einer Reihe von Clips in hoher Auflösung und mit professionellem Ton, wird die Person automatisch denken: „Dieser Typ ist ein seriöser Kerl." Wenn sie sich eineinhalb Stunden Zeit nehmen, um jemandem zuzuhören, dann wollen sie, dass es jemand ist, der ihre Zeit wert zu sein scheint. Wer will denn schon eineinhalb Stunden lang einem Clown zuhören?

Die Bibel sagt, dass die Menschen nach dem Äußeren urteilen, aber der Herr sieht das Herz an (1 Samuel 16:7). Gott ist nicht dein Kunde. Gott ist nicht dein Kundenstamm, sondern der Mensch - und der Mensch urteilt nach dem Äußeren. Bevor Yelp erfunden wurde, ist jeder von uns irgendwann einmal in ein Restaurant gegangen, ohne das Lokal vorher zu kennen. Man wollte dort essen, weil man das Schild oder das Gebäude gesehen hat. Man hat die Qualität des Essens anhand der Grafiken auf dem Schild beurteilt. Dafür gibt es keinen Grund, aber so machen es die Leute. Mach dir dieses Wissen zunutze.

Hast du eine Website? Wenn ja, wie sieht sie aus? Wenn jemand meinen Dienst anruft und uns einlädt, in seiner Kirche zu predigen, überprüfen wir dessen Website. Wenn es keine Website gibt oder sie veraltet ist, weiß ich, dass derjenige es mit dem Dienst nicht ernst meint, und ich lehne die Einladung höchstwahrscheinlich ab. Es ist ja nicht so, dass wir das Jahr 1997 haben und das Internet gerade erst für die Öffentlichkeit zugänglich gemacht wurde. Das Internet ist schon seit fast 20 Jahren verfügbar und leicht zugänglich. Das Internet ist ein unglaubliches Werkzeug, um Menschen zu erreichen. Das Fehlen einer eigenen Website zeigt, dass es der Leiterschaft vielleicht egal ist. Das mag hart klingen, aber wir alle fällen solche Urteile. Ich muss nicht das Herz des Pastors oder die

Vision der Kirche hören. Wenn sie in den kleinen Dingen schlechte Arbeit leisten, garantiere ich, dass sie auch in den großen Dingen schlechte Arbeit leisten.

Wenn Menschen fleißig sind, wird alles gut aussehen. Es gibt einen Grund, warum bestimmte Leute an der Spitze stehen. Menschen nehmen fälschlicherweise an, dass dies daran liegt, dass sie einen großen Mitarbeiterstab haben, und sagen: „Wenn ich einen großen Mitarbeiterstab hätte, würden meine Website und alles, was mich repräsentiert, auch gut aussehen." So funktioniert das aber nicht. Ich garantiere dir, dass Menschen, die an der Spitze stehen, die Dinge bereits exzellent gemacht haben, als sie noch klein waren.

Vor Jahren, als meine Frau noch alles selbst für unseren Dienst erledigte, war unsere Website immer auf dem neuesten Stand. Wir haben uns von 50 % unseres Vermögens getrennt, um eine Kamera zu kaufen, damit wir professionelle Bilder von unseren Veranstaltungen machen konnten. Wir wollten den Menschen nicht einfach nur *erzählen*, was Gott tut, sondern es ihnen *zeigen*. Für mich persönlich ist es eine Sache, zu bezeugen, dass in einem Gottesdienst 300 Menschen zum Altar gekommen sind, um gerettet zu werden. Es ist aber eine andere Sache, die Bilder der weinenden und berührten Menschen visuell zu bezeugen. Wir kauften die beste Kamera und die besten Bearbeitungsprogramme, die wir uns leisten konnten. Meine Frau hat sich online für Designkurse angemeldet. Wenn du glaubst, dass du besser zurechtkommst, wenn du mehr Geld und Ressourcen hast, liegst du falsch. Der Aufwand, den du jetzt betreibst, ist derselbe, den du betreiben wirst, wenn du mehr Geld und Ressourcen zur Verfügung hast.

Dementsprechend befördert Gott auf diese Weise. Gott sagt nicht: „Ich werde sehen, wie du dich machst, wenn du mehr Geld hast. Ich verstehe, dass du im Moment nicht viel zur Verfügung hast." Gott sagt, wenn du in kleinen Dingen treu bist, wird er dich vergrößern und dich zum Herrscher über vieles machen (Matthäus 25:21). Verwalte gut, was du derzeit in deinem Besitz hast. Denk nicht nur an deine Website, sondern auch an dein Telefon. Wenn du ein Geschäft hast, gibt es dann eine Nummer, die jemand anrufen kann? Was passiert, wenn jemand diese Nummer anruft? Wenn dein fünfjähriges Kind ans Telefon geht und sagt: „Papa ist gerade auf der Toilette", dann wirst du ganz bestimmt Kunden verlieren. Gegen eine kleine Gebühr kann man eine separate Telefonleitung für das Unternehmen bestellen, die auf einem anderen Telefon klingelt. Man kann ein automatisches Anrufbeantworter-System einrichten, auch wenn man kein eigenes Büro hat.

Alles, was du zum besten Preis erwerben kannst und Exzellenz bietet, solltest du nutzen - gehe niemals Kompromisse bei der Exzellenz ein, um Geld zu sparen. Es gibt viele Menschen, die glauben, sie würden im Himmel eine Krone erhalten, weil sie Gott Geld eingespart haben. Leider müssen sie dann feststellen, dass Gott reichlich Geld hatte. Er war nicht auf der Suche nach Menschen, die ihm Geld ersparen. Er war auf der Suche nach Exzellenz.

Das Internet, Telefon und Marketing sind der erste Kontakt, den die Menschen mit dir haben. Alles muss vermarktet werden. Jesus teilte seine 72 Jünger in Zweiergruppen ein. Jesus benutzte Marketing. Es gab kein Fernsehen, kein Radio und kein Internet; also schickte Jesus seine Jünger voraus, um anzukündigen, dass er kommen würde, um zu predigen. Jesus wanderte nicht einfach umher. Er hatte einen Plan und eine Reiseroute für die Orte, die er besuchen würde.

Wie werden die Leute von deinem Unternehmen erfahren? Du kannst das hochwertigste Produkt herstellen, das es gibt, aber wenn du es aus dem Kofferraum deines Autos verkaufst und die einzige Möglichkeit, dass jemand davon erfährt, ist, deinen Cousin zu kennen - das ist keine Exzellenz. Wenn du Perlenschmuck herstellst und deine Plattform die Kirchenlobby ist - ist das keine Exzellenz. Im Grunde ist das das Gegenteil von Exzellenz. Du musst einen Weg finden, wie du die Verbraucher auf dein Produkt aufmerksam machen kannst. Eine Facebook-Seite für Unternehmen ist kostenlos. Du kannst eine gezielte Werbung für schlappe 5 Dollar schalten. Probiere es aus. Hoffe nicht nur, dass die Leute dein Geschäft finden. Entwickle einen

Plan, wie Menschen deine Kirche, dein Unternehmen usw. finden können.

Eine Frau in Massachusetts bat mich, zu kommen und für ihr Geschäft zu beten. Sie konnte sich nicht erklären, warum sie keine Kunden hatte. Ich folgte meinem Navigationsgerät zu dem Ort, an dem sich ihr Geschäft befand. Als ich an der Adresse ankam, lief ich 45 Minuten lang umher und versuchte ihr Geschäft zu finden. Nach einem letzten Versuch betrat ich schließlich ein verwahrlost wirkendes Einkaufszentrum. Es gab nur ein einziges Geschäft in diesem Einkaufszentrum und das hatte nicht einmal ein Schild. Ich beschloss, es zu überprüfen und tatsächlich, es war ihr Geschäft, ein christlicher Buchladen. Sie sagte: „Jonathan, ich verstehe nicht, warum niemand hierher kommt. Wirst du beten?" Ich sagte: „Ich werde beten, aber zuerst musst du sofort ein Schild bestellen. Selbst wenn die Leute nach dir suchen, ist es unmöglich, deinen Laden zu finden."

Ich verstehe nicht, wie Christen so unverständig sein können, wenn es um Geschäfte und das Geldverdienen geht. Das ist doch gar nicht so schwierig. Habe einen Plan. Habe ein Schild. Mache Marketing. Habe eine Website. Du brauchst jemanden, der an dein Telefon geht. Geh diese Checkliste gleich jetzt durch. Falls irgendetwas nicht auf dem neuesten Stand ist: wenn du kein funktionierendes Telefon hast, wenn dein Haustelefon dein Geschäftstelefon ist, wenn dein Mobiltelefon dein Geschäftstelefon ist - dann solltest du das ernst nehmen.

Die Suche danach ist eine Aktion, die du unternehmen musst, nicht Gott. Wenn du nur das einfache tun möchtest und die niedrig hängenden Früchte von den Bäumen nimmst, wirst du arm sein. Du wirst dein ganzes Leben lang ein mittleres Einkommen haben. Wenn du an die Spitze kommen willst und Millionen, zehn Millionen und hunderte von Millionen verdienen willst, dann sei fleißig und exzellent in allem, was du tust.

Tue, was nötig ist

Die meisten Menschen wissen, was sie im Leben tun müssen, um ihr Ziel zu erreichen. Doch es fehlt ihnen an den erforderlichen Handlungen. Ein Prediger kann recherchieren, wie Billy Graham oder Oral Roberts einflussreiche und erfolgreiche Dienste aufgebaut haben. Trotzdem werden einige Prediger, selbst wenn sie die Informationen entdecken und ihnen die Schritte aufgezeigt werden, die ihren Dienst auf die nächste Stufe zu bringen, dies nicht umsetzen. Sie sind weder interessiert noch engagiert genug, um die erforderliche Arbeit tatsächlich zu leisten.

Tue, was nötig ist, und schließe einen Bund mit Gott. Sag: *„Gott, ich bin voll dabei mit dem, was du mir gegeben hast. Ich werde das, was du mir gezeigt hast, mit all meiner Kraft erfüllen. Was auch immer es kostet, ich werde es bezahlen. Ich arbeite nicht sechs Stunden am Tag, vier Tage die Woche - ich bin voll dabei. Ich gebe mein Leben für die Aufgabe hin, die du mir gestellt hast. Ich werde es aufbauen. Und ich werde es hervorragend machen."*

> „Als Letzter habe ich ihn ebenfalls gesehen, als wäre ich zur falschen Zeit geboren. Denn ich bin der geringste aller Apostel. Eigentlich bin ich nicht einmal würdig, Apostel genannt zu werden, nachdem ich die Gemeinde Gottes verfolgt habe. Aber was immer ich jetzt bin, es ist alles, weil Gott seine besondere Gunst auf mich ausgegossen hat - und das nicht ohne Ergebnis. Denn ich habe härter gearbeitet als alle anderen Apostel; aber nicht ich war es, sondern Gott, der durch mich in seiner Gnade gewirkt hat."
>
> 1. Korinter 15:8-10

Nachdem sie Paulus gesteinigt hatten, nahm er kein dreiwöchigen Sabbat-Urlaub. Er stand von den Trümmern auf, ging zu seiner nächsten Versammlung und predigte weiter. Das nennt man *mit 100% dabei sein.* Wenn man den Bericht über seine Geschichte liest, in dem beschrieben wird, wie er mehrmals ausgepeitscht und mit Ruten geschlagen wurde, wie er auf dem Meer Schiffbruch erlitt und vieles mehr - all das hielt ihn nicht davon ab, Gottes Bestimmung für sein Leben zu erfüllen.

Sei nicht faul. Hab kein Selbstmitleid. Lass nicht zu, dass die Worte „Ich bin müde" aus deinem Mund kommen. Sei stark im Herrn und in der Kraft seiner Macht. Bewege dich in die Richtung, die Gott dir gegeben hat. Arbeite unermüdlich und sei der Beste in dem, was du tust. Sei fleißig. Engagiere dich voll und ganz für das, was Gott dir zu tun aufgetragen hat. Halte dich an die drei Grundsätze des Fleißes: Kenne deine Richtung, kenne die Vorraussetzungen, um dort anzugelangen, und tue, was nötig ist- und du wirst es bis an die Spitze schaffen, in Jesu mächtigem Namen.

ÜBER DEN AUTOR

Jonathan Shuttlesworth, Evangelist und Pastor, ist Gründer von Revival Today und Pastor der Revival Today Church, einer Organisation, die sich dafür einsetzt, verlorene und unglückliche Menschen mit dem Evangelium von Jesus Christus zu erreichen.

Um seiner Berufung nachzukommen, hat Jonathan Shuttlesworth Versammlungen und Evangelisationen unter freiem Himmel in ganz Nordamerika, Indien, der Karibik sowie in Zentral- und Südafrika durchgeführt.

Die Revival Today Church wurde im Jahr 2022 als eine Kirche gegründet, die den Heiligen Geist verehrt und die Familien und Völker durch ihren Glauben an die Bibel segnen will.

Jeden Tag werden durch Revival Today Broadcasting und die Revival Today Church in Pittsburgh, Pennsylvania, weltweit Tausende von Menschenleben verändert.

Zwar mögen sich die Methoden ändern, doch das Herz von Revival Today schlägt weiterhin für die Verlorenen und bietet biblische Lehren über Glauben, Heilung, Wohlstand, Freiheit von Sünde und ein siegreiches Leben.

Wenn Sie Unterstützung suchen oder sich mit Revival Today zusammentun möchten, um zu sehen, wie diese Generation und dieses Volk vom Evangelium geprägt werden, folgen Sie diesen Links...

KONTAKTIEREN SIE REVIVAL NOCH HEUTE

www.RevivalToday.com

www.RevivalTodayChurch.com

Erhalten Sie Zugang zu unserem 24/7-Netzwerk Revival Today Global Broadcast.

Laden Sie die Revival Today App aus Ihrem Apple App Store oder Google Play Store herunter. Sehen Sie Revival Today live auf Apple TV, Roku, Amazon Fire TV und Android TV.

Wählen Sie: 412-787-2578

Rückseite/Verkaufstext

Das eigene Leben vorbeiziehen zu sehen, ohne dass sich die eigenen Träume erfüllen, ist schrecklich. Es bricht einem das Herz, wenn man eine von Gott gegebene Vision hat, aber nicht die Mittel, um sie zu verwirklichen. Haben Sie jemals mit ähnlichen Gedanken zu kämpfen gehabt? Dann ist dieses Buch genau das Richtige für Sie! Die 10 Gebote Gottes werden, wenn Sie danach handeln, Ihrer Frustration ein Ende setzen und Ihnen die größte Freude bringen, die es gibt - die Erfüllung von Gottes Plan für Ihr Leben.

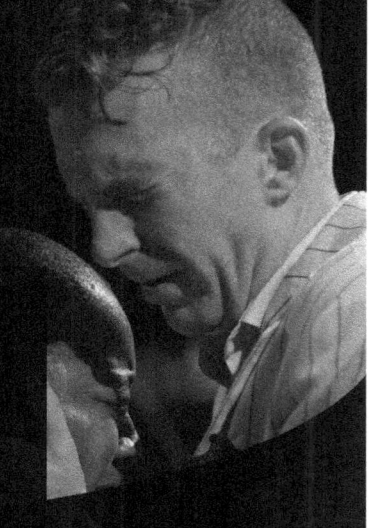

TUN SIE HEUTE ETWAS UM IHR LEBEN FÜR IMMER ZU ÄNDERN

SO SPRICHT DER HERR: MACHET HIER UND DA GRUBEN IN DIESEM TAL. DENN SO SPRICHT DER HERR: IHR WERDET WEDER WIND NOCH REGEN SEHEN, DENNOCH SOLL DAS TAL VOLL WASSER WERDEN... UND DAS IST NOCH EIN GERINGES VOR DEM HERRN... UND SO GESCHAH ES... UND DAS LAND FÜLLTE SICH MIT WASSER.

2 KINGS 3:16-18; 20

Revival ist die alleinige Antwort auf die Probleme dieses Landes, nicht mehr, nicht weniger, und nichts anderes.

Ich danke Ihnen, dass Sie mir als Partner von Revival Today zur Seite stehen. Dieses Land muss von der Kraft Gottes aufgerüttelt werden.

SIE können Gott nicht bitten, Sie zuerst zu segnen, bevor Sie etwas geben. Gott bittet Sie, zuerst zu spenden - und dann lässt er es geschehen. Wir hoffen auf 1.000 Menschen, die sich mit einem monatlichen Beitrag von 84 Dollar an unserer Arbeit beteiligen - das kann jeder tun, aber es ist ein wichtiger Samen, der Sie mit dem Regenmacher verbindet.

WENN SIE NOCH NICHT PARTNER VON REVIVAL TODAY SIND, SCHLIESSEN SIE SICH UNS NOCH HEUTE AN!

Dieses Jahr ist kein Jahr, in dem Sie kleine Gräben ziehen. Versammlungen und Altaraufrufe überdrüssig wurde, ging ich im Glauben voran, und Gott hat geantwortet. Gott ist der Regenmacher, aber Sie müssen ihm etwas zum Befüllen geben. It's time for you to move forward! Es ist an der Zeit, dass Sie vorwärts gehen! **Wollen Sie heute mit mir zusehen, wie die Völker der Welt von der Kraft Gottes ergriffen werden?**

Revivaltoday.com/give

PayPal
revivaltoday.com/paypal

Zelle® info@revivaltoday.com

 @RTgive

Text "RT" to 50155
Call at (412) 787-2578

Mail a check to:
Revival Today P.O. BOX 7
PROSPERITY PA 15329

REVIVAL TODAY   Email: info@revivaltoday.com

www.ingramcontent.com/pod-product-compliance
Lightning Source LLC
Chambersburg PA
CBHW040307170426
43194CB00022B/2927